Kínai Konyha Kalandok

Az Édes-Savanyú Élménytől az Édeses Jószágotokig

Jing Liu

Tartalomjegyzék

Csirke paradicsomszószban 11
Csirke paradicsommal 12
Buggyantott csirke paradicsommal 13
Csirke és paradicsom fekete babmártással 14
Gyorsan főtt csirke zöldségekkel 15
Csirke dióval 16
Csirke dióval 17
Csirke víz gesztenyével 18
Sózott csirke vizes gesztenyével 19
csirke wonton 21
Ropogós csirkeszárny 22
Öt fűszeres csirkeszárny 23
Pácolt csirkeszárny 24
Igazi csirkeszárnyak 26
Csirkeszárny fűszerekkel 28
grillezett csirkecomb 29
Hoisin csirkecomb 30
Párolt csirke 31
Ropogósra sült csirke 32
Egészben sült csirke 34
Ötfűszeres csirke 35
Csirke gyömbérrel és metélőhagymával 37
buggyantott csirke 38
Piros főtt csirke 39
Pirosra főtt fűszeres csirke 40
Sült csirke szezámmal 41
Csirke szójaszószban 42
párolt csirke 43
Párolt csirke ánizssal 44
Furcsa ízű csirke 45
Ropogós csirkedarabok 46
Csirke zöldbabbal 47

Főtt csirke ananásszal ... 48
Csirke paprikával és paradicsommal ... 49
Szezám csirke ... 50
sült poussin ... 51
Törökország Mangetouttal ... 52
Pulyka paprikával ... 54
Kínai pulykasült ... 56
Pulyka dióval és gombával ... 57
Kacsa bambuszrügyekkel ... 58
Kacsa babcsírával ... 59
Pörkölt kacsa ... 60
Párolt kacsa zellerrel ... 61
Kacsa gyömbérrel ... 62
Kacsa zöldbabbal ... 64
Sült párolt kacsa ... 66
Kacsa egzotikus gyümölcsökkel ... 67
Párolt kacsa kínai levelekkel ... 69
részeg kacsa ... 70
Ötfűszeres kacsa ... 71
Sült kacsa gyömbérrel ... 72
Kacsa sonkával és póréhagymával ... 73
Mézben sült kacsa ... 74
Nedves kacsasült ... 75
Sült kacsa gombával ... 76
Kacsa két gombával ... 78
Párolt kacsa hagymával ... 79
Kacsa narancssárgával ... 81
Sült kacsa naranccsal ... 82
Kacsa körtével és gesztenyével ... 83
Pekingi kacsa ... 84
Pörkölt kacsa ananászsal ... 87
Sült kacsa ananászsal ... 88
Ananász és gyömbéres kacsa ... 90
Kacsa ananásszal és licsivel ... 91
Kacsa sertéshússal és gesztenyével ... 92
Kacsa burgonyával ... 93

Piros főtt kacsa ... 95
Rizsboros sült kacsa ... 96
Párolt kacsa rizsborral ... 97
Sós kacsa ... 98
Sózott kacsa zöldbabbal ... 99
Lassan főtt kacsa ... 101
Sült kacsa ... 103
Kacsa édesburgonyával ... 104
édes-savanyú kacsa ... 106
mandarin kacsa ... 108
Kacsa zöldségekkel ... 108
Sült kacsa zöldségekkel ... 110
Fehér főtt kacsa ... 112
Kacsa borral ... 113
Párolt tojás hallal ... 114
Párolt tojás sonkával és hallal ... 115
Párolt tojás sertéshússal ... 116
Sült sertés tojás ... 117
Tükörtojás szójaszósszal ... 118
félhold tojás ... 119
Tükörtojás zöldségekkel ... 120
Kínai omlett ... 121
Kínai omlett babcsírával ... 122
Karfiol Omlett ... 123
Rák omlett barna szósszal ... 124
Sonka és víz gesztenye omlett ... 125
Omlett homárral ... 126
Osztriga omlett ... 127
Garnéla omlett ... 128
Omlett kagylóval ... 129
Omlett tofuval ... 130
Sertés töltött omlett ... 131
Garnélával töltött omlett ... 132
Párolt tortilla tekercs csirke töltelékkel ... 133
Osztriga palacsinta ... 134
Garnélarák palacsinta ... 135

Kínai rántotta 136
Tojásrántotta hallal 137
Tojásrántotta gombával 138
Tojásrántotta osztrigaszósszal 139
Tojásrántotta sertéshússal 140
Tojásrántotta sertéshússal és garnélával 141
Spenótos rántotta 142
Rántotta metélőhagymával 143
Tojásrántotta paradicsommal 144
Tojásrántotta zöldségekkel 145
Csirke szufla 146
Rák szufla 147
Rák és gyömbér szufla 148
Hal szufla 149
Garnélarák-sufla 150
Garnélarák szufla babcsírával 151
Növényi szufla 152
Foo Yung Egg 153
Foo Yung tükörtojás 154
Foo Yung rák gombával 155
Ham Egg Foo Yung 156
Foo Yung sült sertéstojás 157
Sertéstojás és garnélarák Foo Yung 158
fehér rizs 159
Főtt barna rizs 159
Rizs marhahússal 160
Rizs csirkemájjal 161
Rizs csirkével és gombával 162
Kókuszos rizs 162
Rizs rákhússal 163
Rizs borsóval 164
Rizs borssal 165
Rizs buggyantott tojással 166
Szingapúri stílusú rizs 167
Slow Boat Rice 168
Párolt sült rizs 169

Sült rizs ... 170
Sült rizs mandulával ... 171
Sült rizs szalonnával és tojással ... 172
Sült rizs hússal ... 173
Sült rizs darált hússal ... 174
Sült rizs hússal és hagymával ... 175
Csirke sült rizs ... 176
Kacsa sült rizs ... 177
Sonkában sült rizs ... 178
Rizs füstölt sonkával húslevessel ... 179
Sertés sült rizs ... 180
Sertés és garnéla sült rizs ... 181
Rántott rizs garnélarákkal ... 182
Sült rizs és borsó ... 183
Sült rizs lazaccal ... 184
Különleges sült rizs ... 185
Tíz drága rizs ... 186
Sült tonhal rizs ... 187
Főtt tojásos tészta ... 188
Párolt tojásos tészta ... 189
Pirított tészta ... 189
Sült tészta ... 190
Sült puha tészta ... 191
Párolt tészta ... 192
hideg tészta ... 193
Tészta kosarak ... 194
Metélt palacsinta ... 195
Párolt tészta ... 196
Tészta hússal ... 198
Tészta csirkével ... 199
Tészta rákhússal ... 200
Tészta curry szószban ... 201
Dan-Dan tészta ... 202
Tészta tojásos szósszal ... 203
Gyömbéres és újhagymás tészta ... 204
Fűszeres és savanyú tészta ... 205

Tészta hússzószban 206
Tészta buggyantott tojással 207
Tészta sertéshússal és zöldségekkel 208
Átlátszó tészta darált sertéshússal 209
tojástekercs bőr 210
Főtt tojás tekercs bőre 211
Kínai palacsinta 212
Wonton Skins 213
Spárga kagylóval 215
Spárga tojásos szósszal 216

Csirke paradicsomszószban

4 fő részére

30 ml / 2 evőkanál mogyoróolaj
5 ml / 1 teáskanál só
2 gerezd fokhagyma, zúzott
450 g/1 font csirke, kockára vágva
300 ml / ½ pt / 1¼ csésze csirkeleves
120 ml / 4 fl oz / ½ csésze paradicsomszósz (ketchup)
15 ml / 1 evőkanál kukoricaliszt (kukoricakeményítő)
4 mogyoróhagyma (hagyma), szeletelve

Az olajat a sóval és a fokhagymával addig hevítjük, amíg a fokhagyma enyhén aranybarna nem lesz. Hozzáadjuk a csirkét, és enyhén pirítjuk. Adjuk hozzá a húsleves nagy részét, forraljuk fel, fedjük le és pároljuk körülbelül 15 percig, amíg a csirke megpuhul. A maradék levest a paradicsomszószhoz és a kukoricaliszthez keverjük, majd a serpenyőbe keverjük. Lassú tűzön kevergetve főzzük, amíg a szósz besűrűsödik és kitisztul. Ha túl híg a szósz, hagyjuk pároljuk egy kicsit, amíg megpuhul. Adjuk hozzá a mogyoróhagymát, és tálalás előtt pároljuk 2 percig.

Csirke paradicsommal

4 fő részére

225 g/8 uncia csirke, kockára vágva
15 ml / 1 evőkanál kukoricaliszt (kukoricakeményítő)
15 ml / 1 evőkanál szójaszósz
15 ml / 1 evőkanál rizsbor vagy száraz sherry
45 ml / 3 evőkanál földimogyoró (mogyoró) olaj
1 hagyma kockákra vágva
60 ml / 4 evőkanál csirkehúsleves
5 ml / 1 teáskanál só
5 ml / 1 teáskanál cukor
2 paradicsom meghámozva és felkockázva

Keverje össze a csirkét a kukoricakeményítővel, szójaszósszal és borral vagy sherryvel, és hagyja 30 percig pihenni. Felforrósítjuk az olajat, és világos színűre sütjük a csirkét. Adjuk hozzá a hagymát és pároljuk, amíg megpuhul. Adjuk hozzá az alaplevet, a sót és a cukrot, forraljuk fel, és lassú tűzön keverjük addig, amíg a csirke megpuhul. Hozzáadjuk a paradicsomot, és addig keverjük, amíg át nem melegszik.

Buggyantott csirke paradicsommal

4 fő részére

4 adag csirke

4 paradicsom meghámozva és negyedelve

15 ml / 1 evőkanál rizsbor vagy száraz sherry

15 ml / 1 evőkanál mogyoróolaj

só

Helyezze a csirkét egy serpenyőbe, és fedje le hideg vízzel. Forraljuk fel, fedjük le és pároljuk 20 percig. Adjuk hozzá a paradicsomot, a bort vagy a sherryt, az olajat és a sót, fedjük le, és pároljuk további 10 percig, amíg a csirke megpuhul. Helyezze a csirkét egy felmelegített tányérra, és szeletekre vágva tálalja. A szószt felmelegítjük, és a csirkére öntjük tálaláshoz.

Csirke és paradicsom fekete babmártással

4 fő részére

45 ml / 3 evőkanál földimogyoró (mogyoró) olaj

1 gerezd zúzott fokhagyma

45 ml / 3 evőkanál feketebab szósz

225 g/8 uncia csirke, kockára vágva

15 ml / 1 evőkanál rizsbor vagy száraz sherry

5 ml / 1 teáskanál cukor

15 ml / 1 evőkanál szójaszósz

90 ml / 6 evőkanál csirkehúsleves

3 paradicsom meghámozva és negyedelve

10 ml / 2 teáskanál kukoricaliszt (kukoricakeményítő)

45 ml / 3 evőkanál víz

Melegítsük fel az olajat, és pirítsuk meg a fokhagymát 30 másodpercig. Adjuk hozzá a feketebab szószt és pirítsuk 30 másodpercig, majd adjuk hozzá a csirkét, és addig keverjük, amíg az olaj jól bevonja. Adjuk hozzá a bort vagy a sherryt, a cukrot, a szójaszószt és az alaplevet, forraljuk fel, fedjük le, és pároljuk körülbelül 5 percig, amíg a csirke megpuhul. A kukoricalisztet és a vizet pépesre keverjük, belekeverjük a serpenyőbe, és lassú tűzön kevergetve addig főzzük, amíg a szósz kitisztul és besűrűsödik.

Gyorsan főtt csirke zöldségekkel

4 fő részére

1 tojás fehérje

50 g/2 oz kukoricaliszt (kukoricakeményítő)

225g/8oz csirkemell, csíkokra vágva

75 ml / 5 evőkanál földimogyoró (mogyoró) olaj

200 g/7 uncia bambuszrügy, csíkokra vágva

50g/2oz babcsíra

1 zöldpaprika csíkokra vágva

3 mogyoróhagyma (hagyma), szeletelve

1 szelet gyömbérgyökér, apróra vágva

1 gerezd fokhagyma, felaprítva

15 ml / 1 evőkanál rizsbor vagy száraz sherry

Verjük fel a tojásfehérjét és a kukoricakeményítőt, és mártsuk bele a csirkecsíkokat. Melegítsük fel az olajat közepesen forróra, és süssük a csirkét néhány percig, amíg meg nem fő. Kivesszük a serpenyőből és jól lecsepegtetjük. Tegye a serpenyőbe a bambuszrügyet, a babcsírát, kaliforniai paprikát, a hagymát, a gyömbért és a fokhagymát, és kevergetve pirítsa 3 percig. Adjuk hozzá a bort vagy a sherryt, és tegyük vissza a csirkét a serpenyőbe. Tálalás előtt jól átkeverjük és felmelegítjük.

Csirke dióval

4 fő részére

45 ml / 3 evőkanál földimogyoró (mogyoró) olaj

2 mogyoróhagyma (mogyoróhagyma), apróra vágva

1 szelet gyömbérgyökér, apróra vágva

450 g/1 font csirkemell, nagyon vékonyra szeletelve

50g/2oz sonka, aprítva

30 ml / 2 evőkanál szójaszósz

30 ml / 2 evőkanál rizsbor vagy száraz sherry

5 ml / 1 teáskanál cukor

5 ml / 1 teáskanál só

100 g / 4 uncia / 1 csésze dió, apróra vágva

Az olajat felforrósítjuk, és 1 percig pirítjuk benne a hagymát és a gyömbért. Hozzáadjuk a csirkét és a sonkát, és 5 perc alatt majdnem készre sütjük. Adjuk hozzá a szójaszószt, a bort vagy a sherryt, a cukrot és a sót, és pároljuk 3 percig. Adjuk hozzá a diót, és pirítsuk 1 percig, amíg a hozzávalók jól össze nem keverednek.

Csirke dióval

4 fő részére

100 g / 4 uncia / 1 csésze héjas dió, félbevágva
olaj a sütéshez
45 ml / 3 evőkanál földimogyoró (mogyoró) olaj
2 szelet gyömbérgyökér, apróra vágva
225 g/8 uncia csirke, kockára vágva
100 g/4 uncia bambuszrügy, szeletelve
75 ml / 5 evőkanál csirkehúsleves

Előkészítjük a diót, felforrósítjuk az olajat, és a diót aranybarnára sütjük, majd jól leszűrjük. Melegítsük fel a mogyoróolajat, és pirítsuk meg a gyömbért 30 másodpercig. Hozzáadjuk a csirkét, és enyhén pirítjuk. Adjuk hozzá a többi hozzávalót, forraljuk fel, és kevergetve pároljuk addig, amíg a csirke megpuhul.

Csirke víz gesztenyével

4 fő részére

45 ml / 3 evőkanál földimogyoró (mogyoró) olaj

2 gerezd fokhagyma, zúzott

2 mogyoróhagyma (mogyoróhagyma), apróra vágva

1 szelet gyömbérgyökér, apróra vágva

225g/8oz csirkemell, szeletelve

100 g vízgesztenye, szeletelve

45 ml / 3 evőkanál szójaszósz

15 ml / 1 evőkanál rizsbor vagy száraz sherry

5 ml / 1 teáskanál kukoricaliszt (kukoricakeményítő)

Az olajat felforrósítjuk, és enyhén aranybarnára pároljuk a fokhagymát, a mogyoróhagymát és a gyömbért. Adjuk hozzá a csirkét, és pirítsuk 5 percig. Hozzáadjuk a vizes gesztenyét, és 3 percig pirítjuk. Adjuk hozzá a szójaszószt, a bort vagy a sherryt és a kukoricalisztet, és pároljuk körülbelül 5 percig, amíg a csirke megpuhul.

Sózott csirke vizes gesztenyével

4 fő részére

30 ml / 2 evőkanál mogyoróolaj

4 darab csirke

3 mogyoróhagyma (mogyoróhagyma), apróra vágva

2 gerezd fokhagyma, zúzott

1 szelet gyömbérgyökér, apróra vágva

250 ml / 8 fl oz / 1 csésze szójaszósz

30 ml / 2 evőkanál rizsbor vagy száraz sherry

30 ml / 2 evőkanál barna cukor

5 ml / 1 teáskanál só

375 ml / 13 fl uncia / 1¼ csésze víz

225g/8oz vízgesztenye, szeletelve

15 ml / 1 evőkanál kukoricaliszt (kukoricakeményítő)

Az olajat felforrósítjuk, és a csirkedarabokat aranybarnára sütjük. Adjuk hozzá a hagymát, a fokhagymát és a gyömbért, és pároljuk 2 percig. Adjuk hozzá a szójaszószt, a bort vagy a sherryt, a cukrot és a sót, és jól keverjük össze. Adjuk hozzá a vizet, forraljuk fel, fedjük le és pároljuk 20 percig. Adjuk hozzá a vizes gesztenyét, fedjük le és főzzük még 20 percig. A kukoricalisztet kevés vízzel elkeverjük, a szószhoz keverjük, és lassú tűzön kevergetve addig főzzük, amíg a szósz kitisztul és besűrűsödik.

csirke wonton

4 fő részére

4 szárított kínai gomba
450 g/1 font csirkemell, felaprítva
225g/8oz vegyes zöldség, apróra vágva
1 újhagyma (hagyma), apróra vágva
15 ml / 1 evőkanál szójaszósz
2,5 ml / ½ teáskanál só
40 wonton skin
1 felvert tojás

A gombát 30 percre meleg vízbe áztatjuk, majd leszűrjük. Dobja el a szárakat, és vágja le a tetejét. Keverjük össze a csirkehússal, a zöldségekkel, a szójaszósszal és a sóval.

A wontonok hajtogatásához tartsa a bőrt a bal tenyerében, és helyezzen tölteléket a közepére. Nedvesítse meg a széleit tojással, és hajtsa háromszög alakúra a bőrt, lezárva a széleket. Nedvesítse meg a sarkokat tojással és csavarja meg.

Forraljunk fel egy fazék vizet. Adjuk hozzá a wontonokat, és pároljuk körülbelül 10 percig, amíg fel nem úsznak a tetejére.

Ropogós csirkeszárny

4 fő részére

900 g/2 font csirkeszárny
60 ml / 4 evőkanál rizsbor vagy száraz sherry
60 ml / 4 evőkanál szójaszósz
50 g / 2 uncia / ½ csésze kukoricaliszt (kukoricakeményítő)
mogyoróolaj a sütéshez

Helyezze a csirkeszárnyakat egy tálba. A többi hozzávalót összekeverjük, és a csirkeszárnyakra öntjük, jól összeforgatjuk, hogy a szósszal bevonják. Fedjük le és hagyjuk állni 30 percig. Felforrósítjuk az olajat, és a csirkemellet egyenként sütjük, amíg meg nem pirul és sötétbarna. Konyhai papíron jól lecsepegtetjük, és melegen tartjuk, amíg megsütjük a maradék csirkét.

Öt fűszeres csirkeszárny

4 fő részére

30 ml / 2 evőkanál mogyoróolaj

2 gerezd fokhagyma, zúzott

450 g/1 font csirkeszárny

250 ml / 8 fl oz / 1 csésze csirkeleves

30 ml / 2 evőkanál szójaszósz

5 ml / 1 teáskanál cukor

5 ml/1 teáskanál ötfűszer por

Az olajat és a fokhagymát addig hevítjük, amíg a fokhagyma enyhén aranybarna nem lesz. Hozzáadjuk a csirkét, és enyhén pirítjuk. Jól keverjük hozzá a többi hozzávalót, és forraljuk fel. Fedjük le és pároljuk körülbelül 15 percig, amíg a csirke megpuhul. Vegyük le a fedőt, és időnként megkeverve pároljuk tovább, amíg szinte az összes folyadék el nem párolog. Melegen vagy hidegen tálaljuk.

Pácolt csirkeszárny

4 fő részére

45 ml / 3 evőkanál szójaszósz

45 ml / 3 evőkanál rizsbor vagy száraz sherry

30 ml / 2 evőkanál barna cukor

5 ml / 1 teáskanál reszelt gyömbér gyökér

2 gerezd fokhagyma, zúzott

6 mogyoróhagyma (hagyma), szeletelve

450 g/1 font csirkeszárny

30 ml / 2 evőkanál mogyoróolaj

225g/8oz bambuszrügy, szeletelve

20 ml / 4 teáskanál kukoricaliszt (kukoricakeményítő)

175 ml / 6 fl oz / ¾ csésze csirkeleves

Keverje össze a szójaszószt, a bort vagy a sherryt, a cukrot, a gyömbért, a fokhagymát és a mogyoróhagymát. Hozzáadjuk a csirkeszárnyakat, és összeforgatjuk, hogy teljesen bevonja. Lefedjük és 1 órát állni hagyjuk, alkalmanként megkeverve. Az olajat felforrósítjuk és a bambuszrügyeket 2 percig sütjük. Vegye ki őket a serpenyőből. A csirkét és a hagymát lecsepegtetjük, a pácot lecsepegtetjük. Az olajat felforrósítjuk, és a csirkemellet minden oldalról aranybarnára sütjük. Fedjük le és főzzük további 20 percig, amíg a csirke megpuhul. Keverjük össze a kukoricakeményítőt a húslevessel és a fenntartott páccal. Ráöntjük a csirkére, és kevergetve felforraljuk, amíg a szósz besűrűsödik. Adjuk hozzá a bambuszrügyet, és kevergetve pároljuk további 2 percig.

Igazi csirkeszárnyak

4 fő részére

12 csirkeszárny

250 ml / 8 fl oz / 1 csésze földimogyoró-olaj

15 ml / 1 evőkanál kristálycukor

2 mogyoróhagyma (mogyoróhagyma), darabokra vágva

5 szelet gyömbér gyökér

5 ml / 1 teáskanál só

45 ml / 3 evőkanál szójaszósz

250 ml / 8 fl oz / 1 csésze rizsbor vagy száraz sherry

250 ml / 8 fl oz / 1 csésze csirkeleves

10 szelet bambuszrügy

15 ml / 1 evőkanál kukoricaliszt (kukoricakeményítő)

15 ml / 1 evőkanál víz

2,5 ml / ½ teáskanál szezámolaj

A csirkeszárnyakat forrásban lévő vízben 5 percig blansírozzuk, majd jól leszűrjük. Az olajat felforrósítjuk, hozzáadjuk a cukrot, és aranybarnára keverjük. Adjuk hozzá a csirkét, a mogyoróhagymát, a gyömbért, a sót, a szójaszószt, a bort és a húslevest, forraljuk fel és pároljuk 20 percig. Adjuk hozzá a bambuszrügyeket, és pároljuk 2 percig, vagy amíg a folyadék szinte teljesen el nem párolog. A kukoricalisztet elkeverjük a vízzel, belekeverjük a serpenyőbe, és addig keverjük, amíg besűrűsödik. A csirkeszárnyakat meleg tálra tesszük, és szezámolajjal meglocsolva tálaljuk.

Csirkeszárny fűszerekkel

4 fő részére

30 ml / 2 evőkanál mogyoróolaj

5 ml / 1 teáskanál só

2 gerezd fokhagyma, zúzott

900 g/2 font csirkeszárny

30 ml / 2 evőkanál rizsbor vagy száraz sherry

30 ml / 2 evőkanál szójaszósz

30 ml / 2 evőkanál paradicsompüré (tészta)

15 ml / 1 evőkanál Worcestershire szósz

Az olajat, a sót és a fokhagymát felforrósítjuk, és addig pirítjuk, amíg a fokhagyma enyhén aranybarna nem lesz. Hozzáadjuk a csirkeszárnyakat, és gyakran kevergetve kb. 10 perc alatt aranybarnára és majdnem készre sütjük. Hozzáadjuk a többi hozzávalót, és kb. 5 percig pirítjuk, amíg a csirke ropogós nem lesz és átsül.

grillezett csirkecomb

4 fő részére

16 csirkecomb

30 ml / 2 evőkanál rizsbor vagy száraz sherry

30 ml / 2 evőkanál borecet

30 ml / 2 evőkanál olívaolaj

sót és frissen őrölt borsot

120 ml / 4 fl oz / ½ csésze narancslé

30 ml / 2 evőkanál szójaszósz

30 ml / 2 evőkanál méz

15 ml / 1 evőkanál citromlé

2 szelet gyömbérgyökér, apróra vágva

120 ml / 4 fl oz / ½ csésze chili szósz

A chili szósz kivételével az összes hozzávalót összekeverjük, letakarjuk, és egy éjszakán át a hűtőben pácoljuk. Vegye ki a csirkét a pácból, és grillezze vagy süsse (süti) körülbelül 25 percig, majd forgassa meg, és süsse meg a chili szósszal, amíg sül.

Hoisin csirkecomb

4 fő részére

8 csirkecomb

600 ml / 1 pt / 2½ csésze csirkeleves

sót és frissen őrölt borsot

250 ml / 8 fl oz / 1 csésze hoisin szósz

30 ml / 2 evőkanál sima liszt (univerzális)

2 felvert tojás

100 g / 4 uncia / 1 csésze zsemlemorzsa

olaj a sütéshez

Tegye a csülköt és az alaplevet egy serpenyőbe, forralja fel, fedje le és párolja 20 percig, amíg meg nem fő. Vegyük ki a csirkét a serpenyőből, és konyhai papírtörlővel töröljük szárazra. Tegye a csirkét egy tálba, és ízesítse sóval, borssal. Öntsük rá a hoisin szósszal és hagyjuk 1 órán át pácolódni. Lefolyni. A csirkét beleforgatjuk a lisztbe, majd megkenjük a tojással és a zsemlemorzsával, majd ismét a tojással és a zsemlemorzsával. Felforrósítjuk az olajat, és körülbelül 5 perc alatt aranybarnára sütjük a csirkét. Konyhai papíron leszűrjük, és melegen vagy hidegen tálaljuk.

Párolt csirke

4-6 adaghoz

75 ml / 5 evőkanál földimogyoró (mogyoró) olaj

1 csirke

3 mogyoróhagyma (hagyma), szeletelve

3 szelet gyömbér gyökér

120 ml / 4 fl oz / ½ csésze szójaszósz

30 ml / 2 evőkanál rizsbor vagy száraz sherry

5 ml / 1 teáskanál cukor

Az olajat felforrósítjuk és a csirkemellet aranybarnára sütjük. Adjuk hozzá a mogyoróhagymát, a gyömbért, a szójaszószt és a bort vagy a sherryt, és forraljuk fel. Lefedve pároljuk 30 percig, időnként megforgatva. Adjuk hozzá a cukrot, fedjük le és pároljuk további 30 percig, amíg a csirke megpuhul.

Ropogósra sült csirke

4 fő részére

1 csirke

só

30 ml / 2 evőkanál rizsbor vagy száraz sherry

3 mogyoróhagyma (mogyoróhagyma), felkockázva

1 szelet gyömbér gyökér

30 ml / 2 evőkanál szójaszósz

30 ml / 2 evőkanál cukor

5 ml / 1 teáskanál egész szegfűszeg

5 ml / 1 teáskanál só

5 ml / 1 teáskanál szemes bors

150 ml / ¼ pt / bőséges ½ csésze csirkeleves

olaj a sütéshez

1 saláta, lereszelve

4 paradicsom, szeletelve

½ uborka, szeletelve

A csirkét bedörzsöljük sóval, és 3 órát pihentetjük. Öblítsük le és tegyük egy tálba. Adjuk hozzá a bort vagy a sherryt, a gyömbért, a szójaszószt, a cukrot, a szegfűszeget, a sót, a szemes borsot és a húslevest, és jól csepegtessük le. Helyezze a tálat egy párolóba, fedje le, és párolja körülbelül 2 ¼ órán át, amíg a csirke meg nem fő. Lefolyni. Az olajat füstölésig hevítjük, majd hozzáadjuk a csirkét, és aranybarnára sütjük. További 5 percig pirítjuk, kivesszük az olajból és lecsepegtetjük. Darabokra vágva meleg tálra tesszük. Díszítsük salátával, paradicsommal és uborkával, és bors-só öntettel tálaljuk.

Egészben sült csirke

5 adagra

1 csirke

10 ml / 2 teáskanál só

15 ml / 1 evőkanál rizsbor vagy száraz sherry

2 mogyoróhagyma (hagyma), félbevágva

3 szelet gyömbérgyökér, csíkokra vágva

olaj a sütéshez

Szárítsa meg a csirkét, és dörzsölje be a bőrt sóval és borral vagy sherryvel. Helyezze a mogyoróhagymát és a gyömbért az üregbe. A csirkét hűvös helyen száradni hagyjuk körülbelül 3 órára. Melegítsük fel az olajat, és tegyük a csirkét egy sütőkosárba. Óvatosan öntse bele az olajba, és kívül-belül folyamatosan pácolja, amíg a csirke enyhén meg nem színeződik. Vegyük ki az olajból, és hagyjuk kissé kihűlni, miközben újramelegítjük az olajat. Ismét aranybarnára sütjük. Jól leszűrjük, majd kockákra vágjuk.

Ötfűszeres csirke

4-6 adaghoz

1 csirke

120 ml / 4 fl oz / ½ csésze szójaszósz

2,5 cm/1 hüvelyk gyömbérgyökér, apróra vágva

1 gerezd zúzott fokhagyma

15 ml/1 evőkanál ötfűszer por

30 ml / 2 evőkanál rizsbor vagy száraz sherry

30 ml / 2 evőkanál méz

2,5 ml / ½ teáskanál szezámolaj

olaj a sütéshez

30 ml / 2 evőkanál só

5 ml / 1 teáskanál frissen őrölt bors

Helyezze a csirkét egy nagy serpenyőbe, és töltse fel vízzel a comb közepéig. Foglaljon le 15 ml/1 evőkanál szójaszószt, és a többit a gyömbérrel, fokhagymával és az ötfűszerpor felével a serpenyőbe tegye. Forraljuk fel, fedjük le és pároljuk 5 percig. Kapcsolja le a tüzet, és hagyja a csirkét a vízben, amíg a víz langyos nem lesz. Lefolyni.

A csirkét hosszában kettévágjuk, és a vágott oldalával lefelé egy tepsibe tesszük. Keverje össze a maradék szójaszószt és az ötfűszeres port a borral vagy sherryvel, a mézzel és a szezámolajjal. Dörzsölje át a keveréket a csirkére, és hagyja állni 2 órán át, időnként meglocsolva a keverékkel. Melegítsük fel az olajat, és süssük a csirkeféléket körülbelül 15 perc alatt aranybarnára és süssük át. Konyhai papíron leszűrjük és szeletekre vágjuk.

Közben keverjük össze a sót és a borsot, és melegítsük száraz serpenyőben körülbelül 2 percig. Csirke mellé szószként tálaljuk.

Csirke gyömbérrel és metélőhagymával

4 fő részére

1 csirke

2 szelet gyömbérgyökér, csíkokra vágva

sót és frissen őrölt borsot

90 ml / 4 evőkanál mogyoróolaj

8 mogyoróhagyma (hagyma), apróra vágva

10 ml / 2 teáskanál fehérborecet

5 ml / 1 teáskanál szójaszósz

Tegyük a csirkét egy nagy serpenyőbe, adjuk hozzá a gyömbér felét, és öntsük fel annyi vízzel, hogy majdnem ellepje a csirkét. Sóval, borssal fűszerezzük. Forraljuk fel, fedjük le és pároljuk körülbelül 1¼ órán át, amíg megpuhul. Hagyja a csirkét a húslében, amíg kihűl. A csirkemellet lecsepegtetjük, és hidegre tesszük. Részekre vágjuk.

A maradék gyömbért lereszeljük, és összekeverjük az olajjal, a mogyoróhagymával, a borecettel és a szójaszósszal, valamint sóval, borssal. 1 órára hűtőbe tesszük. A csirkedarabokat egy tálba tesszük, és ráöntjük a gyömbéres öntettel. Párolt rizzsel tálaljuk.

buggyantott csirke

4 fő részére

1 csirke

1,2 l / 2 pont / 5 csésze csirkeleves vagy víz

30 ml / 2 evőkanál rizsbor vagy száraz sherry

4 mogyoróhagyma (mogyoróhagyma), apróra vágva

1 szelet gyömbér gyökér

5 ml / 1 teáskanál só

Helyezze a csirkét egy nagy serpenyőbe az összes többi hozzávalóval együtt. A húslevesnek vagy a víznek el kell érnie a comb közepét. Forraljuk fel, fedjük le és pároljuk körülbelül 1 órán át, amíg a csirke megpuhul. Lecsepegtetjük, a levest a levesekhez tartjuk fenn.

Piros főtt csirke

4 fő részére

1 csirke

250 ml / 8 fl oz / 1 csésze szójaszósz

Tegye a csirkét egy serpenyőbe, öntse rá a szójaszószt, és töltse fel vízzel, hogy majdnem ellepje a csirkét. Forraljuk fel, fedjük le, és pároljuk körülbelül 1 órán át, amíg a csirke megpuhul, időnként megforgatva.

Pirosra főtt fűszeres csirke

4 fő részére

2 szelet gyömbér gyökér

2 metélőhagyma (hagyma)

1 csirke

3 gerezd csillagánizs

½ fahéjrúd

15 ml / 1 evőkanál szecsuáni bors

75 ml / 5 evőkanál szójaszósz

75 ml / 5 evőkanál rizsbor vagy száraz sherry

75 ml / 5 evőkanál szezámolaj

15 ml / 1 evőkanál cukor

Helyezze a gyömbért és a mogyoróhagymát a csirkeüregbe, és tegye a csirkét egy serpenyőbe. A csillagánizst, a fahéjat és a szemes borsot belekötjük egy darab muszlinba, és hozzáadjuk a serpenyőhöz. Öntsük rá a szójaszószt, a bort vagy a sherryt és a szezámolajat. Forraljuk fel, fedjük le és pároljuk körülbelül 45 percig. Adjunk hozzá cukrot, fedjük le és pároljuk további 10 percig, amíg a csirke megpuhul.

Sült csirke szezámmal

4 fő részére

50 g/2 uncia szezámmag

1 hagyma apróra vágva

2 gerezd fokhagyma, felaprítva

10 ml / 2 teáskanál só

1 szárított vörös chili, összetörve

csipet őrölt szegfűszeg

2,5 ml / ½ teáskanál őrölt kardamom

2,5 ml / ½ teáskanál őrölt gyömbér

75 ml / 5 evőkanál földimogyoró (mogyoró) olaj

1 csirke

Keverjük össze az összes fűszert és olajat, majd kenjük rá a csirkét. Tegye egy sütőformába, és adjon hozzá 30 ml/2 evőkanál vizet. Süssük előmelegített sütőben 180°C/350°F/gáz 4-es fokozaton körülbelül 2 órán keresztül, közben a csirkét időnként megforgatjuk és aranybarnára sütjük. Adjon hozzá még egy kis vizet, ha szükséges, nehogy megégjen.

Csirke szójaszószban

4-6 adaghoz

300 ml / ½ pt / 1 ¼ csésze szójaszósz

300 ml / ½ pt / 1 ¼ csésze rizsbor vagy száraz sherry

1 apróra vágott hagyma

3 szelet gyömbérgyökér, apróra vágva

50 g / 2 uncia / ¼ csésze cukor

1 csirke

15 ml / 1 evőkanál kukoricaliszt (kukoricakeményítő)

60 ml / 4 evőkanál víz

1 uborka, meghámozva és felszeletelve

30 ml / 2 evőkanál apróra vágott friss petrezselyem

Keverje össze a szójaszószt, a bort vagy a sherryt, a hagymát, a gyömbért és a cukrot egy serpenyőben, és forralja fel. Adjuk hozzá a csirkét, forraljuk vissza, fedjük le és pároljuk 1 órán át, időnként megforgatva, amíg meg nem fő. Helyezze a csirkét egy meleg tálra, és vágja ki. Öntsön bele 250 ml/8 fl oz/1 csésze főzőfolyadékot, és forralja vissza. A kukoricalisztet és a vizet pépesre keverjük, belekeverjük a serpenyőbe, és lassú tűzön kevergetve addig főzzük, amíg a szósz kitisztul és besűrűsödik. A csirkét megkenjük mártással, és uborkával és petrezselyemmel díszítjük. A maradék szószt külön tálaljuk.

párolt csirke

4 fő részére

1 csirke

45 ml / 3 evőkanál rizsbor vagy száraz sherry

só

2 szelet gyömbér gyökér

2 metélőhagyma (hagyma)

250 ml / 8 fl oz / 1 csésze csirkeleves

Helyezze a csirkét egy hőálló tálba, és dörzsölje be borral vagy sherryvel és sóval, majd helyezze az üregbe a gyömbért és a metélőhagymát. Tegye a tálat egy párolórácsra, fedje le, és forrásban lévő víz felett párolja körülbelül 1 órán át, amíg meg nem fő. Melegen vagy hidegen tálaljuk.

Párolt csirke ánizssal

4 fő részére

250 ml / 8 fl oz / 1 csésze szójaszósz

250 ml / 8 fl oz / 1 csésze víz

15 ml / 1 evőkanál barna cukor

4 gerezd csillagánizs

1 csirke

Egy lábosban összekeverjük a szójaszószt, a vizet, a cukrot és az ánizst, majd lassú tűzön felforraljuk. Helyezze a csirkét egy tálba, és jól megszórja a keverékkel kívül-belül. Melegítse fel a keveréket, és ismételje meg. Helyezze a csirkét egy hőálló tálba. Tegye a tálat egy párolórácsra, fedje le, és forrásban lévő víz felett párolja körülbelül 1 órán át, amíg meg nem fő.

Furcsa ízű csirke

4 fő részére

1 csirke
5 ml/1 teáskanál apróra vágott gyömbérgyökér
5 ml / 1 teáskanál darált fokhagyma
45 ml / 3 evőkanál sűrű szójaszósz
5 ml / 1 teáskanál cukor
2,5 ml / ½ teáskanál borecet
10 ml / 2 teáskanál szezámszósz
5 ml / 1 teáskanál frissen őrölt bors
10 ml / 2 teáskanál chili olaj
½ saláta, lereszelve
15 ml / 1 evőkanál apróra vágott friss koriander

Helyezze a csirkét egy serpenyőbe, és töltse fel vízzel, amíg a csirkecombok feléig nem ér. Forraljuk fel, fedjük le, és pároljuk körülbelül 1 órán át, amíg a csirke megpuhul. Kivesszük a serpenyőből, jól lecsepegtetjük, és jeges vízbe áztatjuk, amíg a hús teljesen ki nem hűl. Jól lecsepegtetjük, 5 cm-es darabokra vágjuk, a többi hozzávalót összekeverjük, és a csirkére öntjük. Salátával és korianderrel díszítve tálaljuk.

Ropogós csirkedarabok

4 fő részére

100 g sima liszt (univerzális)

csipet só

15 ml / 1 evőkanál víz

1 tojás

350g/12oz főtt csirke, kockára vágva

olaj a sütéshez

Keverjük össze a lisztet, a sót, a vizet és a tojást, amíg elég kemény tésztát nem kapunk, ha szükséges, adjunk hozzá még egy kis vizet. A csirkedarabokat mártsuk bele a tésztába, amíg jól be nem vonódik. Az olajat nagyon forróra hevítjük, és néhány perc alatt ropogósra és aranybarnára sütjük a csirkét.

Csirke zöldbabbal

4 fő részére

45 ml / 3 evőkanál földimogyoró (mogyoró) olaj
450 g/1 font főtt csirke, felaprítva
5 ml / 1 teáskanál só
2,5 ml / ½ teáskanál frissen őrölt bors
225g/8oz zöldbab, darabokra vágva
1 szár zeller, átlósan vágva
225 g gomba szeletelve
250 ml / 8 fl oz / 1 csésze csirkeleves
30 ml / 2 evőkanál kukoricaliszt (kukoricakeményítő)
60 ml / 4 evőkanál víz
10 ml / 2 teáskanál szójaszósz

Az olajat felforrósítjuk, a csirkemellet megpirítjuk, sózzuk, borsozzuk, amíg kicsit megpirul. Adjuk hozzá a babot, a zellert és a gombát, és jól keverjük össze. Adjuk hozzá a levest, forraljuk fel, fedjük le és pároljuk 15 percig. A kukoricalisztet, a vizet és a szójaszószt pépesre keverjük, beleforgatjuk a serpenyőbe, és lassú tűzön kevergetve addig főzzük, amíg a szósz kitisztul és besűrűsödik.

Főtt csirke ananásszal

4 fő részére

45 ml / 3 evőkanál földimogyoró (mogyoró) olaj
225 g/8 uncia főtt csirke, kockára vágva
sót és frissen őrölt borsot
2 szár zeller, átlósan vágva
3 szelet ananász, darabokra vágva
120 ml / 4 fl uncia / ½ csésze csirkeleves
15 ml / 1 evőkanál szójaszósz
10 ml / 2 evőkanál kukoricaliszt (kukoricakeményítő)
30 ml / 2 evőkanál víz

Felforrósítjuk az olajat, és enyhén aranybarnára sütjük a csirkét. Sózzuk, borsozzuk, hozzáadjuk a zellert és 2 percig pirítjuk. Adjuk hozzá az ananászt, a húslevest és a szójaszószt, és keverjük néhány percig, amíg át nem melegszik. A kukoricalisztet és a vizet pépesre keverjük, belekeverjük a serpenyőbe, és lassú tűzön kevergetve addig főzzük, amíg a szósz kitisztul és besűrűsödik.

Csirke paprikával és paradicsommal

4 fő részére

45 ml / 3 evőkanál földimogyoró (mogyoró) olaj

450 g/1 font főtt csirke, szeletelve

10 ml / 2 teáskanál só

5 ml / 1 teáskanál frissen őrölt bors

1 db zöldpaprika darabokra vágva

4 nagy paradicsom meghámozva és szeletekre vágva

250 ml / 8 fl oz / 1 csésze csirkeleves

30 ml / 2 evőkanál kukoricaliszt (kukoricakeményítő)

15 ml / 1 evőkanál szójaszósz

120 ml / 4 fl uncia / ½ csésze víz

Az olajat felforrósítjuk és a csirkemellet aranybarnára sütjük, sózzuk, borsozzuk. Adjuk hozzá a paprikát és a paradicsomot. Öntsük fel a húslevessel, forraljuk fel, fedjük le és pároljuk 15 percig. A kukoricalisztet, a szójaszószt és a vizet pépesre keverjük, beleforgatjuk a serpenyőbe, és lassú tűzön kevergetve addig főzzük, amíg a szósz kitisztul és besűrűsödik.

Szezám csirke

4 fő részére

450 g/1 font főtt csirke, csíkokra vágva

2 szelet finomra vágott gyömbér

1 újhagyma (hagyma), apróra vágva

sót és frissen őrölt borsot

60 ml / 4 evőkanál rizsbor vagy száraz sherry

60 ml / 4 evőkanál szezámolaj

10 ml / 2 teáskanál cukor

5 ml / 1 teáskanál borecet

150 ml / ¼ pt / bőséges ½ csésze szójaszósz

Tegye a csirkét egy tálra, és szórja meg gyömbérrel, hagymával, sóval és borssal. Keverjük össze a bort vagy a sherryt, a szezámolajat, a cukrot, a borecetet és a szójaszószt. Ráöntjük a csirkére.

sült poussin

4 fő részére

2 poussin, félbevágva

45 ml / 3 evőkanál szójaszósz

45 ml / 3 evőkanál rizsbor vagy száraz sherry

120 ml / 4 fl uncia / ½ csésze földimogyoró olaj

1 újhagyma (hagyma), apróra vágva

30 ml / 2 evőkanál csirkehúsleves

10 ml / 2 teáskanál cukor

5 ml / 1 teáskanál chili olaj

5 ml / 1 teáskanál fokhagyma paszta

só, bors

Helyezze a poussinokat egy tálba. Keverjük össze a szójaszószt és a bort vagy sherryt, öntsük rá a poussinokra, fedjük le, és 2 órán át pácoljuk, gyakran fürkészve. Melegítsük fel az olajat, és süssük a poussinokat körülbelül 20 percig, amíg megpuhulnak. Vegye ki őket a serpenyőből, és melegítse fel az olajat. Tegyük vissza őket a serpenyőbe, és süssük aranybarnára. Az olaj nagy részét lecsepegtetjük. A többi hozzávalót összekeverjük, a serpenyőbe tesszük és gyorsan felforrósítjuk. Tálalás előtt öntsük a poussinokra.

Törökország Mangetouttal

4 fő részére

60 ml / 4 evőkanál mogyoróolaj

2 mogyoróhagyma (mogyoróhagyma), apróra vágva

2 gerezd fokhagyma, zúzott

1 szelet gyömbérgyökér, apróra vágva

225g/8oz pulykamell, csíkokra vágva

225 g / 8 oz hóborsó

100 g/4 uncia bambuszrügy, csíkokra vágva

50g vízgesztenye, csíkokra vágva

45 ml / 3 evőkanál szójaszósz

15 ml / 1 evőkanál rizsbor vagy száraz sherry

5 ml / 1 teáskanál cukor

5 ml / 1 teáskanál só

15 ml / 1 evőkanál kukoricaliszt (kukoricakeményítő)

Melegítsen fel 45 ml/3 evőkanál olajat, és pirítsa enyhén aranybarnára a mogyoróhagymát, a fokhagymát és a gyömbért. Hozzáadjuk a pulykát és 5 percig pirítjuk. Kivesszük a serpenyőből és félretesszük. A maradék olajat felforrósítjuk, és 3 percig pirítjuk benne a hóborsót, a bambuszrügyet és a vízi gesztenyét. Adja hozzá a szójaszószt, a bort vagy a sherryt, a cukrot és a sót, és tegye vissza a pulykát a serpenyőbe. 1 percig pirítjuk. A kukoricalisztet kevés vízzel elkeverjük, beleforgatjuk a serpenyőbe, és lassú tűzön kevergetve addig főzzük, amíg a szósz kitisztul és besűrűsödik.

Pulyka paprikával

4 fő részére

4 szárított kínai gomba

30 ml / 2 evőkanál mogyoróolaj

1 bok choy, csíkokra vágva

350g/12oz füstölt pulyka, csíkokra vágva

1 hagyma szeletelve

1 pirospaprika csíkokra vágva

1 zöldpaprika csíkokra vágva

120 ml / 4 fl uncia / ½ csésze csirkeleves

30 ml / 2 evőkanál paradicsompüré (tészta)

45 ml / 3 evőkanál borecet

30 ml / 2 evőkanál szójaszósz

15 ml / 1 evőkanál hoisin szósz

10 ml / 2 teáskanál kukoricaliszt (kukoricakeményítő)

néhány csepp chili olaj

A gombát 30 percre meleg vízbe áztatjuk, majd leszűrjük. Dobja el a szárakat, és vágja csíkokra a tetejét. Melegítsük fel az olaj felét, és pirítsuk meg a káposztát körülbelül 5 percig, vagy amíg meg nem fő. Vegye ki a serpenyőből. Hozzáadjuk a pulykát és 1 percig pirítjuk. Hozzáadjuk a zöldségeket és 3 percig pirítjuk. A húslevest összekeverjük a paradicsompürével, a borecettel és a szószokkal, majd hozzáadjuk a serpenyőbe a káposztával. Kevés vízzel elkeverjük a kukoricakeményítőt, belekeverjük az edénybe, és kevergetve felforraljuk. Meglocsoljuk chili olajjal, és lassú tűzön, folyamatos kevergetés mellett 2 percig főzzük.

Kínai pulykasült

8-10-ig szolgál

1 kis pulyka

600 ml / 1 pt / 2½ csésze forró víz

10 ml / 2 teáskanál szegfűbors

500 ml / 16 fl oz / 2 csésze szójaszósz

5 ml / 1 teáskanál szezámolaj

10 ml / 2 teáskanál só

45 ml / 3 evőkanál vaj

Helyezzük a pulykát egy serpenyőbe, és öntsük fel forró vízzel. Hozzáadjuk a többi hozzávalót a vaj kivételével, és 1 órát állni hagyjuk, többször megforgatva. Vegye ki a pulykát a folyadékból, és kenje meg vajjal. Tegye egy tepsibe, fedje le lazán konyhai papírral, és 160°C-ra előmelegített sütőben süsse kb. 4 órán keresztül, időnként meglocsolva szójaszósszal. Távolítsa el a fóliát, és hagyja, hogy a bőr ropogós legyen a főzés utolsó 30 percében.

Pulyka dióval és gombával

4 fő részére

450 g/1 font pulykamell filé

só, bors

1 narancs leve

15 ml / 1 evőkanál sima liszt (univerzális)

12 db fekete dió lével ecetesen

5 ml / 1 teáskanál kukoricaliszt (kukoricakeményítő)

15 ml / 1 evőkanál mogyoróolaj

2 mogyoróhagyma (mogyoróhagyma), felkockázva

225 g/8 uncia gomba

45 ml / 3 evőkanál rizsbor vagy száraz sherry

10 ml / 2 teáskanál szójaszósz

50 g / 2 uncia / ½ csésze vaj

25 g/1 uncia fenyőmag

A pulykát 1 cm/½ vastag szeletekre vágjuk. Sóval, borssal és narancslével megszórjuk, és liszttel megszórjuk. A diót lecsepegtetjük és félbevágjuk, a folyadékot letakarva, a folyadékot a kukoricakeményítővel összekeverjük. Az olajat felforrósítjuk, és a pulykát aranybarnára sütjük. Adjuk hozzá a mogyoróhagymát és a gombát, és pirítsuk 2 percig. Adjuk hozzá a bort vagy a sherryt és a szójaszószt, és pároljuk 30 másodpercig. Adjuk hozzá a diót a kukoricalisztes keverékhez, majd keverjük bele a serpenyőbe, és forraljuk fel. Adjuk hozzá a vajat kis pelyhekben, de ne hagyjuk felforrni. A fenyőmagot száraz serpenyőben aranybarnára pirítjuk. Tegye a pulyka keveréket egy meleg tálra, és fenyőmaggal díszítve tálalja.

Kacsa bambuszrügyekkel

4 fő részére

6 szárított kínai gomba

1 kacsa

50g/2oz füstölt sonka, csíkokra vágva

100 g/4 uncia bambuszrügy, csíkokra vágva

2 mogyoróhagyma (hagyma), csíkokra vágva

2 szelet gyömbérgyökér, csíkokra vágva

5 ml / 1 teáskanál só

A gombát 30 percre meleg vízbe áztatjuk, majd leszűrjük. Dobja el a szárakat, és vágja csíkokra a tetejét. Helyezze az összes hozzávalót egy hőálló tálba, és helyezze őket egy vízzel teli serpenyőbe, amíg a tál kétharmadára el nem éri. Forraljuk fel, fedjük le, és pároljuk körülbelül 2 órán át, amíg a kacsa megpuhul, szükség szerint öntsünk fel forrásban lévő vizet.

Kacsa babcsírával

4 fő részére

225g/8oz babcsíra

45 ml / 3 evőkanál földimogyoró (mogyoró) olaj

450 g/1 font főtt kacsahús

15 ml / 1 evőkanál osztrigaszósz

15 ml / 1 evőkanál rizsbor vagy száraz sherry

30 ml / 2 evőkanál víz

2,5 ml / ½ teáskanál só

A babcsírát forrásban lévő vízben 2 percig blansírozzuk, majd leszűrjük. Az olajat felforrósítjuk, a babcsírát 30 másodpercig sütjük. Adjunk hozzá kacsát, pároljuk, amíg át nem melegszik. Hozzáadjuk a többi hozzávalót, és 2 percig pirítjuk, hogy az ízek összeérjenek. Egyszerre tálaljuk.

Pörkölt kacsa

4 fő részére

4 mogyoróhagyma (mogyoróhagyma), apróra vágva
1 szelet gyömbérgyökér, apróra vágva
120 ml / 4 fl oz / ½ csésze szójaszósz
30 ml / 2 evőkanál rizsbor vagy száraz sherry
1 kacsa
120 ml / 4 fl uncia / ½ csésze földimogyoró olaj
600 ml / 1 pt / 2½ csésze víz
15 ml / 1 evőkanál barna cukor

Keverjük össze a mogyoróhagymát, a gyömbért, a szójaszószt és a bort vagy a sherryt, és dörzsöljük át a kacsán kívül-belül. Az olajat felforrósítjuk, és a kacsát minden oldalról enyhén barnára sütjük. Engedje le az olajat. Adjuk hozzá a vizet és a maradék szójaszósz keveréket, forraljuk fel, fedjük le és pároljuk 1 órán át. Adjuk hozzá a cukrot, fedjük le és pároljuk további 40 percig, amíg a kacsa megpuhul.

Párolt kacsa zellerrel

4 fő részére

350 g főtt kacsa, szeletelve
1 fej zeller
250 ml / 8 fl oz / 1 csésze csirkeleves
2,5 ml / ½ teáskanál só
5 ml / 1 teáskanál szezámolaj
1 paradicsom szeletekre vágva

Helyezze a kacsát egy párolórácsra. A zellert vágjuk 7,5 cm/3 hosszú darabokra, és tegyük egy serpenyőbe. Öntsük fel a húslevest, ízesítsük sóval, és helyezzük a párolót a serpenyő fölé. Forraljuk fel a húslevest, majd forraljuk körülbelül 15 percig, amíg a zeller megpuhul, és a kacsa átmelegszik. A kacsát és a zellert egy felmelegített tányérra tesszük, a zellert meglocsoljuk szezámolajjal, és paradicsomkarikákkal díszítve tálaljuk.

Kacsa gyömbérrel

4 fő részére

350g/12oz kacsamell, vékonyra szeletelve

1 tojás, enyhén felverve

5 ml / 1 teáskanál szójaszósz

5 ml / 1 teáskanál kukoricaliszt (kukoricakeményítő)

5 ml / 1 teáskanál mogyoróolaj

olaj a sütéshez

50g/2oz bambuszrügy

50 g/2 oz hóborsó

2 szelet gyömbérgyökér, apróra vágva

15 ml / 1 evőkanál víz

2,5 ml / ½ teáskanál cukor

2,5 ml / ½ teáskanál rizsbor vagy száraz sherry

2,5 ml / ½ teáskanál szezámolaj

A kacsát összekeverjük a tojással, a szójaszósszal, a kukoricakeményítővel és az olajjal, majd 10 percig pihentetjük. Az olajat felforrósítjuk, és a kacsát és a bambuszrügyet aranybarnára sütjük. Kivesszük a serpenyőből és jól lecsepegtetjük. Öntsön 15 ml/1 evőkanál olaj kivételével a serpenyőt, és párolja 2 percig a kacsát, a bambuszrügyet, a hóborsót, a gyömbért, a vizet, a cukrot és a bort vagy sherryt. Szezámolajjal meglocsolva tálaljuk.

Kacsa zöldbabbal

4 fő részére

1 kacsa

60 ml / 4 evőkanál mogyoróolaj

2 gerezd fokhagyma, zúzott

2,5 ml / ½ teáskanál só

1 apróra vágott hagyma

15 ml / 1 evőkanál reszelt gyömbér gyökér

45 ml / 3 evőkanál szójaszósz

120 ml / 4 fl oz / ½ csésze rizsbor vagy száraz sherry

60 ml / 4 evőkanál paradicsomszósz (ketchup)

45 ml / 3 evőkanál borecet

300 ml / ½ pt / 1¼ csésze csirkeleves

450 g/1 font zöldbab, szeletelve

csipetnyi frissen őrölt bors

5 csepp chili olaj

15 ml / 1 evőkanál kukoricaliszt (kukoricakeményítő)

30 ml / 2 evőkanál víz

A kacsát 8 vagy 10 részre vágjuk. Az olajat felforrósítjuk és a kacsát aranysárgára sütjük. Tedd át egy tálba. Adjuk hozzá a fokhagymát, a sót, a hagymát, a gyömbért, a szójaszószt, a bort vagy a sherryt, a paradicsomszószt és a borecetet. Keverjük össze, fedjük le és pácoljuk a hűtőben 3 órára.

Az olajat felforrósítjuk, hozzáadjuk a kacsát, az alaplevet és a pácot, felforraljuk, lefedve 1 órán át pároljuk. Adjuk hozzá a babot, fedjük le és pároljuk 15 percig. Adjuk hozzá a borsot és a chili olajat. A kukoricalisztet elkeverjük a vízzel, beleforgatjuk a serpenyőbe, és lassú tűzön kevergetve addig főzzük, amíg a szósz besűrűsödik.

Sült párolt kacsa

4 fő részére

1 kacsa

sót és frissen őrölt borsot

olaj a sütéshez

hoisin szósz

A kacsát sózzuk, borsozzuk, majd egy hőálló tálba tesszük. Tegye egy vízzel teli fazékba, amíg el nem éri az edény kétharmadát, forralja fel, fedje le és párolja körülbelül 1 és fél órán keresztül, amíg a kacsa megpuhul. Lecsepegtetjük és hagyjuk kihűlni.

Az olajat felforrósítjuk, és a kacsát ropogósra és aranybarnára sütjük. Kivesszük és jól lecsepegtetjük. Vágjuk apróra, és Hoisin szósszal tálaljuk.

Kacsa egzotikus gyümölcsökkel

4 fő részére

4 kacsamell filé csíkokra vágva

2,5 ml / ½ teáskanál ötfűszer por

30 ml / 2 evőkanál szójaszósz

15 ml / 1 evőkanál szezámolaj

15 ml / 1 evőkanál mogyoróolaj

3 szár zeller, felkockázva

2 szelet ananász, felkockázva

100 g sárgadinnye, kockára vágva

100 g/4 uncia licsi, felezve

130 ml / 4 fl oz / ½ csésze csirkeleves

30 ml / 2 evőkanál paradicsompüré (tészta)

30 ml / 2 evőkanál hoisin szósz

10 ml / 2 teáskanál borecet

csipet barna cukor

Helyezze a kacsát egy tálba. Az ötfűszeres port, a szójaszószt és a szezámolajat összekeverjük, a kacsára öntjük és 2 órán át pácoljuk, alkalmanként megkeverve. Az olajat felforrósítjuk, és a kacsát 8 percig sütjük. Vegye ki a serpenyőből. Adjuk hozzá a zellert és a gyümölcsöket, és pirítsuk 5 percig. Tegyük vissza a kacsát a serpenyőbe a többi hozzávalóval együtt, forraljuk fel, és tálalás előtt kevergetve pároljuk 2 percig.

Párolt kacsa kínai levelekkel

4 fő részére

1 kacsa

30 ml / 2 evőkanál rizsbor vagy száraz sherry

30 ml / 2 evőkanál hoisin szósz

15 ml / 1 evőkanál kukoricaliszt (kukoricakeményítő)

5 ml / 1 teáskanál só

5 ml / 1 teáskanál cukor

60 ml / 4 evőkanál mogyoróolaj

4 mogyoróhagyma (mogyoróhagyma), apróra vágva

2 gerezd fokhagyma, zúzott

1 szelet gyömbérgyökér, apróra vágva

75 ml / 5 evőkanál szójaszósz

600 ml / 1 pt / 2½ csésze víz

225g/8oz kínai levél, reszelve

Vágjuk a kacsát körülbelül 6 darabra. Keverjük össze a bort vagy a sherryt, a hoisin szószt, a kukoricakeményítőt, a sót és a cukrot, majd kenjük a kacsára. 1 órát pihentetjük. Az olajat felforrósítjuk, és néhány másodpercig megdinszteljük a hagymát, a fokhagymát és a gyömbért. Hozzáadjuk a kacsát, és minden oldalról enyhén barnára sütjük. A felesleges zsírt lecsepegtetjük. Öntsük hozzá a szójaszószt és a vizet, forraljuk fel, fedjük le és pároljuk körülbelül 30 percig. Adjuk hozzá a porcelánleveleket, fedjük le újra, és pároljuk további 30 percig, amíg a kacsa megpuhul.

részeg kacsa

4 fő részére

2 mogyoróhagyma (mogyoróhagyma), apróra vágva

2 gerezd fokhagyma, felaprítva

1,5 l / 2½ pt / 6 csésze víz

1 kacsa

450 ml / ¾ pt / 2 csésze rizsbor vagy száraz sherry

Tegye a mogyoróhagymát, a fokhagymát és a vizet egy nagy fazékba, és forralja fel. Adjuk hozzá a kacsát, forraljuk vissza, fedjük le és pároljuk 45 percig. Jól leszűrjük, a folyadékot a húsleveshez tartjuk. Hagyjuk kihűlni a kacsát, majd tegyük hűtőbe egy éjszakára. Vágja fel a kacsát darabokra, és tegye egy nagy csavaros fedelű üvegbe. Felöntjük a borral vagy a sherryvel, és körülbelül 1 hétig hűtjük, majd lecsepegtetjük és hűtve tálaljuk.

Ötfűszeres kacsa

4 fő részére

150 ml / ¼ pt / bőséges ½ csésze rizsbor vagy száraz sherry
150 ml / ¼ pt / bőséges ½ csésze szójaszósz
1 kacsa
10 ml/2 teáskanál ötfűszer por

Forraljuk fel a bort vagy a sherryt és a szójaszószt. Adjuk hozzá a kacsát, és forgassuk körülbelül 5 percig. Vegyük ki a kacsát a serpenyőből, és dörzsöljük a bőrbe az ötfűszeres port. Tegyük vissza a madarat a serpenyőbe, és öntsünk rá annyi vizet, hogy félig ellepje a kacsát. Forraljuk fel, fedjük le, és pároljuk körülbelül 1 1/2 órán keresztül, amíg a kacsa megpuhul, gyakran megforgatjuk és megfőzzük. Vágja a kacsát 5 cm-es darabokra, és melegen vagy hidegen tálalja.

Sült kacsa gyömbérrel

4 fő részére

1 kacsa

2 szelet gyömbér gyökér, lereszelve

2 mogyoróhagyma (mogyoróhagyma), apróra vágva

15 ml / 1 evőkanál kukoricaliszt (kukoricakeményítő)

30 ml / 2 evőkanál szójaszósz

30 ml / 2 evőkanál rizsbor vagy száraz sherry

2,5 ml / ½ teáskanál só

45 ml / 3 evőkanál földimogyoró (mogyoró) olaj

Távolítsa el a húst a csontokról és vágja kockákra. Keverje össze a húst a többi hozzávalóval, kivéve az olajat. 1 órát pihentetjük. Az olajat felforrósítjuk, és a kacsát a pácban körülbelül 15 percig sütjük, amíg a kacsa megpuhul.

Kacsa sonkával és póréhagymával

4 fő részére

1 kacsa

450 g/1 font füstölt sonka

2 póréhagyma

2 szelet gyömbérgyökér, apróra vágva

45 ml / 3 evőkanál rizsbor vagy száraz sherry

45 ml / 3 evőkanál szójaszósz

2,5 ml / ½ teáskanál só

Helyezzük a kacsát egy serpenyőbe, és fedjük le hideg vízzel. Forraljuk fel, fedjük le és pároljuk körülbelül 20 percig. Lecsepegtetjük és tartalékoljunk 450 ml / ¾ pt / 2 csésze húslevest. Hagyjuk kicsit kihűlni a kacsát, majd vágjuk le a húst a csontokról, és vágjuk 5 cm-es négyzetekre. Vágjuk a sonkát hasonló darabokra. A póréhagymát hosszú darabokra vágjuk, a levél belsejébe egy szelet kacsát és sonkát forgatunk, majd zsinórral megkötjük. Helyezze egy hőálló edénybe. Adjuk hozzá a gyömbért, a bort vagy a sherryt, a szójaszószt és a sót a fenntartott húsleveshez, és öntsük rá a kacsatekercsekre. Helyezze a tálat egy vízzel teli serpenyőbe, amíg el nem éri az edény oldalának kétharmadát. Forraljuk fel, fedjük le és pároljuk körülbelül 1 órán át, amíg a kacsa megpuhul.

Mézben sült kacsa

4 fő részére

1 kacsa

só

3 gerezd fokhagyma, összetörve

3 mogyoróhagyma (mogyoróhagyma), apróra vágva

45 ml / 3 evőkanál szójaszósz

45 ml / 3 evőkanál rizsbor vagy száraz sherry

45 ml / 3 evőkanál méz

200 ml / 7 fl oz / kevés 1 csésze forrásban lévő víz

Szárítsa meg a kacsát, és dörzsölje be sóval kívül-belül. Keverjük össze a fokhagymát, a mogyoróhagymát, a szójaszószt és a bort vagy a sherryt, majd osszuk ketté. Keverjük ketté a mézet és kenjük rá a kacsára, majd hagyjuk megszáradni. Adjuk hozzá a vizet a maradék mézes keverékhez. Öntsük a szójaszószos keveréket a kacsa üregébe, és tegyük rácsra egy serpenyőbe, amelynek aljába kevés vizet teszünk. 180°C-ra előmelegített sütőben süsd kb. 2 órán keresztül, amíg a kacsa megpuhul, és a főzés során meglocsolod a maradék mézes keverékkel.

Nedves kacsasült

4 fő részére

6 mogyoróhagyma (mogyoróhagyma), apróra vágva

2 szelet gyömbérgyökér, apróra vágva

1 kacsa

2,5 ml / ½ teáskanál őrölt ánizs

15 ml / 1 evőkanál cukor

45 ml / 3 evőkanál rizsbor vagy száraz sherry

60 ml / 4 evőkanál szójaszósz

250 ml / 8 fl oz / 1 csésze víz

Tegye az újhagyma és a gyömbér felét egy nagy, vastag alapú serpenyőbe. A többit a kacsa üregébe tesszük, és beletesszük a serpenyőbe. Adja hozzá az összes többi hozzávalót, kivéve a hoisin szószt, forralja fel, fedje le és párolja körülbelül 1 1/2 órán át, időnként megforgatva. Vegye ki a kacsát a serpenyőből, és hagyja száradni körülbelül 4 órán keresztül.

A kacsát egy rácsra helyezzük egy kevés hideg vízzel megtöltött tepsibe. 230°C-ra előmelegített sütőben 15 percig sütjük, majd megfordítjuk és további 10 percig ropogósra sütjük. Közben a fenntartott folyadékot felmelegítjük, és a kacsára öntjük a tálaláshoz.

Sült kacsa gombával

4 fő részére

1 kacsa

75 ml / 5 evőkanál földimogyoró (mogyoró) olaj

45 ml / 3 evőkanál rizsbor vagy száraz sherry

15 ml / 1 evőkanál szójaszósz

15 ml / 1 evőkanál cukor

5 ml / 1 teáskanál só

csipet bors

2 gerezd fokhagyma, zúzott

225 g gomba, félbevágva

600 ml / 1 pt / 2½ csésze csirkeleves

15 ml / 1 evőkanál kukoricaliszt (kukoricakeményítő)

30 ml / 2 evőkanál víz

5 ml / 1 teáskanál szezámolaj

A kacsát 5 cm-es darabokra vágjuk, 45 ml/3 evőkanál olajat felforrósítunk, és minden oldaláról enyhén barnára sütjük. Adjuk hozzá a bort vagy a sherryt, a szójaszószt, a cukrot, a sót és a borsot, és pároljuk 4 percig. Vegye ki a serpenyőből. A maradék olajat felforrósítjuk és a fokhagymát enyhén aranybarnára pirítjuk. Hozzáadjuk a gombát, és addig keverjük, amíg el nem vonódik az olaj, majd visszatesszük a kacsakeveréket a serpenyőbe, és hozzáadjuk az alaplevet. Forraljuk fel, fedjük le és pároljuk körülbelül 1 órán át, amíg a kacsa megpuhul. A kukoricalisztet és a vizet pépesre keverjük, majd a keverékhez keverjük, és lassú tűzön kevergetve addig főzzük, amíg a szósz besűrűsödik. Meglocsoljuk szezámolajjal és tálaljuk.

Kacsa két gombával

4 fő részére

6 szárított kínai gomba

1 kacsa

750 ml / 1 ¼ pt / 3 csésze csirkehúsleves

45 ml / 3 evőkanál rizsbor vagy száraz sherry

5 ml / 1 teáskanál só

100 g/4 uncia bambuszrügy, csíkokra vágva

100 g/4 uncia gomba

A gombát 30 percre meleg vízbe áztatjuk, majd leszűrjük. Dobja el a szárakat, és vágja félbe a tetejét. Tegye a kacsát egy nagy hőálló tálba az alaplével, borral vagy sherryvel és sóval, és tegye egy vízzel megtöltött lábosba úgy, hogy a tál kétharmadával feljebb kerüljön. Forraljuk fel, fedjük le és pároljuk körülbelül 2 órán keresztül, amíg a kacsa megpuhul. Vegyük ki a serpenyőből, és vágjuk le a húst a csontról. Öntse a főzőfolyadékot egy külön serpenyőbe. A bambuszrügyeket és mindkét gombafajtát a gőzölő aljára helyezzük, a kacsahúst visszatesszük, lefedjük és további 30 percig pároljuk. A főzőfolyadékot felforraljuk, és a kacsára öntjük a tálaláshoz.

Párolt kacsa hagymával

4 fő részére

4 szárított kínai gomba

1 kacsa

90 ml / 6 evőkanál szójaszósz

60 ml / 4 evőkanál mogyoróolaj

1 újhagyma (hagyma), apróra vágva

1 szelet gyömbérgyökér, apróra vágva

45 ml / 3 evőkanál rizsbor vagy száraz sherry

450 g/1 font hagyma, szeletelve

100 g/4 uncia bambuszrügy, szeletelve

15 ml / 1 evőkanál barna cukor

15 ml / 1 evőkanál kukoricaliszt (kukoricakeményítő)

45 ml / 3 evőkanál víz

A gombát 30 percre meleg vízbe áztatjuk, majd leszűrjük. Dobja el a szárakat, és vágja le a tetejét. Kenje meg a kacsát 15 ml/1 evőkanál szójaszósszal. Tartalék 15 ml / 1 evőkanál olajat, a maradék olajat felforrósítjuk, és az újhagymát és a gyömbért enyhén aranysárgára pároljuk. Hozzáadjuk a kacsát, és minden oldalról enyhén barnára sütjük. Eltávolítja a túlzott zsírt. Adjuk hozzá a serpenyőbe a bort vagy a sherryt, a maradék szójaszószt és annyi vizet, hogy majdnem ellepje a kacsát. Forraljuk fel, fedjük le és pároljuk 1 órán át, időnként megforgatjuk.

A fenntartott olajat felforrósítjuk, és a hagymát megpirítjuk, amíg megpuhul. A tűzről levéve hozzáadjuk a bambuszrügyet és a gombát, majd a kacsához adjuk, lefedve további 30 percig pároljuk, amíg a kacsa megpuhul. A kacsát kivesszük a serpenyőből, feldaraboljuk, és meleg tálra tesszük. Forraljuk fel az edényben lévő folyadékokat, adjuk hozzá a cukrot és a kukoricakeményítőt, és kevergetve pároljuk addig, amíg a keverék felforr és besűrűsödik. A kacsára öntjük a tálaláshoz.

Kacsa narancssárgával

4 fő részére

1 kacsa

3 mogyoróhagyma (mogyoróhagyma), darabokra vágva

2 szelet gyömbérgyökér, csíkokra vágva

1 szelet narancshéj

sót és frissen őrölt borsot

Tegye a kacsát egy nagy fazékba, csak öntse le vízzel, és forralja fel. Adjuk hozzá a mogyoróhagymát, a gyömbért és a narancshéjat, fedjük le, és pároljuk körülbelül 1 1/2 órán át, amíg a kacsa megpuhul. Sóval, borssal ízesítjük, leszűrjük és tálaljuk.

Sült kacsa naranccsal

4 fő részére

1 kacsa

2 gerezd fokhagyma, félbevágva

45 ml / 3 evőkanál földimogyoró (mogyoró) olaj

1 hagyma

1 narancs

120 ml / 4 fl oz / ½ csésze rizsbor vagy száraz sherry

2 szelet gyömbérgyökér, apróra vágva

5 ml / 1 teáskanál só

A fokhagymát kívül-belül bedörzsöljük a kacsára, majd megkenjük olajjal. A meghámozott hagymát villával megszurkáljuk, a hámozatlan naranccsal együtt a kacsa üregébe helyezzük, és nyársal lezárjuk. Helyezze a kacsát egy rácsra egy kevés forró vízzel megtöltött serpenyőre, és előmelegített sütőben 160°C/325°F/gázjel 3 kb. 2 órán keresztül süsse. Öntse ki a folyadékokat, és tegye vissza a kacsát a sütőedénybe. Felöntjük a borral vagy a sherryvel, és megszórjuk a gyömbérrel és a sóval. Tegyük vissza a sütőbe további 30 percre. A hagymát és a narancsot kidobjuk, a kacsát pedig apróra vágva tálaljuk. Tálaláskor öntsük a serpenyőben lévő leveket a kacsára.

Kacsa körtével és gesztenyével

4 fő részére

225g/8oz gesztenye, héjastól

1 kacsa

45 ml / 3 evőkanál földimogyoró (mogyoró) olaj

250 ml / 8 fl oz / 1 csésze csirkeleves

45 ml / 3 evőkanál szójaszósz

15 ml / 1 evőkanál rizsbor vagy száraz sherry

5 ml / 1 teáskanál só

1 szelet gyömbérgyökér, apróra vágva

1 nagy körte meghámozva és vastagon felszeletelve

15 ml / 1 evőkanál cukor

A gesztenyét 15 percig főzzük, majd leszűrjük. A kacsát 5 cm-es szeletekre vágjuk, az olajat felforrósítjuk és a kacsát minden oldalról enyhén barnára sütjük. Lecsepegtetjük a felesleges olajat, majd hozzáadjuk a húslevest, a szójaszószt, a bort vagy a sherryt, a sót és a gyömbért. Forraljuk fel, fedjük le és pároljuk 25 percig, időnként megkeverve. Adjuk hozzá a gesztenyét, fedjük le és pároljuk további 15 percig. A körtét megszórjuk cukorral, hozzáadjuk a serpenyőbe, és körülbelül 5 percig pároljuk, amíg át nem melegszik.

Pekingi kacsa

6-ért

1 kacsa

250 ml / 8 fl oz / 1 csésze víz

120 ml / 4 fl uncia / ½ csésze méz

120 ml / 4 fl oz / ½ csésze szezámolaj

A palacsintához:

250 ml / 8 fl oz / 1 csésze víz

225 g / 8 uncia / 2 csésze sima liszt (univerzális)

mogyoróolaj a sütéshez

A szószokhoz:

120 ml / 4 fl oz / ½ csésze hoisin szósz

30 ml / 2 evőkanál barna cukor

30 ml / 2 evőkanál szójaszósz

5 ml / 1 teáskanál szezámolaj

6 mogyoróhagyma (hagyma), hosszában vágva

1 uborka csíkokra vágva

A kacsának ép bőrrel kell lennie. A nyakat szorosan kösse meg zsinórral, és varrja vagy fűzze be az alsó nyílást. Vágjon egy kis rést a nyak oldalán, szúrjon be egy szívószálat, és fújjon levegőt a bőr alá, amíg fel nem puffad. A kacsát egy tálra függesztjük, és 1 órát pihentetjük.

Forraljunk fel egy fazék vizet, adjuk hozzá a kacsát és forraljuk 1 percig, majd vegyük ki és jól szárítsuk meg. Forraljuk fel a vizet, és adjuk hozzá a mézet. Dörzsölje a keveréket a kacsa bőrébe, amíg telített. Akassza a kacsát egy edény fölé hűvös, szellős helyen körülbelül 8 órán keresztül, amíg a bőre meg nem keményedik.

Függessze fel a kacsát, vagy helyezze rácsra egy serpenyő fölé, és süsse előmelegített sütőben 180°C/350°F/gázmark 4-re körülbelül 1,5 órán át, rendszeresen meglocsolva szezámolajjal.

A palacsintához forraljuk fel a vizet, majd fokozatosan adjuk hozzá a lisztet. Gyúrjuk enyhén, amíg a tészta puha nem lesz, takarjuk le egy nedves ruhával, és hagyjuk 15 percig pihenni. Lisztezett felületen kinyújtjuk és hosszú hengerré formázzuk. Vágjuk 2,5 cm-es szeletekre, majd lapítsuk el körülbelül 5 mm/¼ vastagságúra, és kenjük meg a tetejét olajjal. Párban halmozzuk össze úgy, hogy az olajozott felületek érintkezzenek, és enyhén szórjuk be a külsejét liszttel. Nyújtsa ki a párokat körülbelül 10 cm szélesre, és páronként süsse mindkét oldalát körülbelül 1 percig, amíg enyhén megpirul. Szétválasztjuk és tálalásig egymásra rakjuk.

A szószokat úgy készítsük el, hogy a hoisin szósz felét összekeverjük a cukorral, a többi hoisin szószt pedig a szójaszósszal és a szezámolajjal.

A kacsát kivesszük a sütőből, levágjuk a bőrét és négyzetekre vágjuk, a húst pedig kockákra vágjuk. Külön tányérokra tesszük és palacsintával, szószokkal és körettel tálaljuk.

Pörkölt kacsa ananásszal

4 fő részére

1 kacsa

400 g/14 uncia konzerv ananászdarabok szirupban

45 ml / 3 evőkanál szójaszósz

5 ml / 1 teáskanál só

csipetnyi frissen őrölt bors

Helyezzük a kacsát egy vastag alapú serpenyőbe, öntsük fel vízzel, forraljuk fel, majd fedjük le és pároljuk 1 órán át. Az ananászszirupot a szójaszósszal, sóval és borssal együtt csepegtessük le a serpenyőbe, fedjük le, és lassú tűzön főzzük további 30 percig. Adjuk hozzá az ananászdarabokat, és pároljuk további 15 percig, amíg a kacsa megpuhul.

Sült kacsa ananászsal

4 fő részére

1 kacsa

45 ml / 3 evőkanál kukoricaliszt (kukoricakeményítő)

45 ml / 3 evőkanál szójaszósz

225 g/8 uncia konzerv ananász szirupban

45 ml / 3 evőkanál földimogyoró (mogyoró) olaj

2 szelet gyömbérgyökér, csíkokra vágva

15 ml / 1 evőkanál rizsbor vagy száraz sherry

5 ml / 1 teáskanál só

Vágja le a húst a csontról, és vágja darabokra. Keverje össze a szójaszószt 30 ml/2 evőkanál kukoricaliszttel, és keverje össze a kacsával, amíg jól bevonat nem lesz. Hagyjuk állni 1 órát, időnként megkeverjük. Az ananászt és a szirupot összetörjük, és egy serpenyőben óvatosan felforrósítjuk. A maradék kukoricalisztet kevés vízzel elkeverjük, a serpenyőbe keverjük, és lassú tűzön kevergetve addig főzzük, amíg a szósz besűrűsödik. Maradj meleg. Az olajat felforrósítjuk és a gyömbért enyhén aranysárgára sütjük, majd kidobjuk a gyömbért. Hozzáadjuk a kacsát, és minden oldalról enyhén barnára sütjük. Hozzáadjuk a bort vagy a sherryt és a sót, és még néhány percig pirítjuk, amíg a kacsa megpuhul. A kacsát felmelegített tálra tesszük, leöntjük a szósszal és azonnal tálaljuk.

Ananász és gyömbéres kacsa

4 fő részére

1 kacsa

100 g/4 oz tartósított gyömbér szirupban

200 g/7 uncia konzerv ananászdarabok szirupban

5 ml / 1 teáskanál só

15 ml / 1 evőkanál kukoricaliszt (kukoricakeményítő)

30 ml / 2 evőkanál víz

Helyezze a kacsát egy hőálló tálba, és engedje le vízzel teli serpenyőbe, amíg el nem éri a tál szélének kétharmadát. Forraljuk fel, fedjük le és pároljuk körülbelül 2 órán keresztül, amíg a kacsa megpuhul. Vegyük ki a kacsát, és hagyjuk kissé kihűlni. Távolítsa el a bőrt és a csontot, és vágja fel a kacsát darabokra. Tányérra tesszük és melegen tartjuk.

Egy serpenyőben csepegtessük le a szirupot a gyömbérről és az ananászról, adjuk hozzá a sót, a kukoricalisztet és a vizet. Kevergetve felforraljuk, és néhány percig kevergetve pároljuk, amíg a szósz kitisztul és besűrűsödik. Adjuk hozzá a gyömbért és az ananászt, keverjük össze és öntsük a kacsára tálaláshoz.

Kacsa ananásszal és licsivel

4 fő részére

4 kacsamell

15 ml / 1 evőkanál szójaszósz

1 gerezd csillagánizs

1 szelet gyömbér gyökér

mogyoróolaj a sütéshez

90 ml / 6 evőkanál borecet

100 g / 4 uncia / ½ csésze barna cukor

250 ml / 8 fl oz / ½ csésze csirkeleves

15 ml / 1 evőkanál paradicsomszósz (ketchup)

200 g/7 uncia konzerv ananászdarabok szirupban

15 ml / 1 evőkanál kukoricaliszt (kukoricakeményítő)

6 db licsikonzerv

6 maraschino cseresznye

A kacsákat, a szójaszószt, az ánizst és a gyömbért egy serpenyőbe tesszük, és felöntjük hideg vízzel. Felforraljuk, lefölözzük a zsírt, majd lefedve körülbelül 45 percig pároljuk, amíg a kacsa megpuhul. Lecsepegtetjük és szárítjuk. Forró olajban ropogósra sütjük.

Közben a borecetet, a cukrot, az alaplevet, a paradicsomszószt és a 30 ml/2 evőkanál ananászszirupot keverjük össze egy serpenyőben, forraljuk fel és pároljuk körülbelül 5 percig, amíg besűrűsödik. Adjuk hozzá a gyümölcsöt és melegítsük fel, mielőtt a kacsára öntjük tálaláshoz.

Kacsa sertéshússal és gesztenyével

4 fő részére

6 szárított kínai gomba
1 kacsa
225g/8oz gesztenye, héjastól
225g/8oz sovány sertéshús, kockára vágva
3 mogyoróhagyma (mogyoróhagyma), apróra vágva
1 szelet gyömbérgyökér, apróra vágva
250 ml / 8 fl oz / 1 csésze szójaszósz
900 ml / 1½ pont / 3¾ csésze víz

A gombát 30 percre meleg vízbe áztatjuk, majd leszűrjük. Dobja el a szárakat, és vágja le a tetejét. Tegyük egy nagy serpenyőbe az összes többi hozzávalóval együtt, forraljuk fel, fedjük le, és lassú tűzön főzzük körülbelül 1 és fél órán keresztül, amíg a kacsa megpuhul.

Kacsa burgonyával

4 fő részére

75 ml / 5 evőkanál földimogyoró (mogyoró) olaj

1 kacsa

3 gerezd fokhagyma, összetörve

30 ml / 2 evőkanál feketebab szósz

10 ml / 2 teáskanál só

1,2 l / 2 pont / 5 csésze víz

2 póréhagyma, vastagon szeletelve

15 ml / 1 evőkanál cukor

45 ml / 3 evőkanál szójaszósz

60 ml / 4 evőkanál rizsbor vagy száraz sherry

1 gerezd csillagánizs

900 g/2 font burgonya, vastagon szeletelve

½ fej kínai levél

15 ml / 1 evőkanál kukoricaliszt (kukoricakeményítő)

30 ml / 2 evőkanál víz

lapos levelű petrezselyem ágak

60 ml/4 evőkanál olajat felforrósítunk, és a kacsát minden oldalról aranybarnára sütjük. Kössük vagy varrjuk a nyak végét, és helyezzük a kacsát nyakkal lefelé egy mély tálba. A maradék olajat felforrósítjuk és a fokhagymát enyhén aranybarnára

pirítjuk. Adjuk hozzá a feketebab szószt és a sót, és pirítsuk 1 percig. Adjuk hozzá a vizet, a póréhagymát, a cukrot, a szójaszószt, a bort vagy a sherryt és a csillagánizst, és forraljuk fel. Öntsön 120 ml / 8 fl oz / 1 csésze keveréket a kacsa üregébe, és rögzítse vagy varrja meg. Forraljuk fel a serpenyőben lévő keverék többi részét. Adjuk hozzá a kacsát és a burgonyát, fedjük le és pároljuk 40 percig úgy, hogy a kacsát egyszer megforgatjuk. Helyezze a kínai leveleket egy tálra. Vegye ki a kacsát a serpenyőből, Vágjuk 5 cm/2 cm-es darabokra, és tegyük a burgonyával a tálalótányérra. A kukoricalisztet a vízzel pépesre keverjük, beleforgatjuk a serpenyőbe, és lassú tűzön kevergetve addig főzzük, amíg a szósz besűrűsödik.

Piros főtt kacsa

4 fő részére

1 kacsa

4 mogyoróhagyma (mogyoróhagyma), darabokra vágva

2 szelet gyömbérgyökér, csíkokra vágva

90 ml / 6 evőkanál szójaszósz

45 ml / 3 evőkanál rizsbor vagy száraz sherry

10 ml / 2 teáskanál só

10 ml / 2 teáskanál cukor

Helyezzük a kacsát egy vastag serpenyőbe, öntsük fel vízzel, és forraljuk fel. Adjuk hozzá a mogyoróhagymát, a gyömbért, a bort vagy a sherryt és a sót, fedjük le, és pároljuk körülbelül 1 órán át. Adjuk hozzá a cukrot, és pároljuk további 45 percig, amíg a kacsa megpuhul. Vágjuk a kacsát egy tálra, és tálaljuk melegen vagy hidegen, szósszal vagy anélkül.

Rizsboros sült kacsa

4 fő részére

1 kacsa

500 ml / 14 fl oz / 1¾ csésze rizsbor vagy száraz sherry

5 ml / 1 teáskanál só

45 ml / 3 evőkanál szójaszósz

Tegye a kacsát egy vastag serpenyőbe a sherryvel és a sóval, forralja fel, fedje le és párolja 20 percig. A kacsát lecsepegtetjük, a folyadékot letartva, és szójaszósszal bedörzsöljük. Tegye rácsra egy kevés forró vízzel megtöltött serpenyőbe, és 180°C/350°F/gázmark 4-es előmelegített sütőben süsse kb. 1 órán át, rendszeresen meglocsolva a fenntartott borfolyadékkal.

Párolt kacsa rizsborral

4 fő részére

1 kacsa

4 mogyoróhagyma (hagyma), félbevágva

1 szelet gyömbérgyökér, apróra vágva

250 ml / 8 fl oz / 1 csésze rizsbor vagy száraz sherry

30 ml / 2 evőkanál szójaszósz

csipet só

A kacsát forrásban lévő vízben 5 percig blansírozzuk, majd leszűrjük. Tedd egy hőálló tálba a többi hozzávalóval. Helyezze a tálat egy vízzel teli serpenyőbe, amíg el nem éri az edény oldalának kétharmadát. Forraljuk fel, fedjük le és pároljuk körülbelül 2 órán keresztül, amíg a kacsa megpuhul. Tálalás előtt dobja ki a mogyoróhagymát és a gyömbért.

Sós kacsa

4 fő részére

45 ml / 3 evőkanál földimogyoró (mogyoró) olaj

4 kacsamell

3 mogyoróhagyma (hagyma), szeletelve

2 gerezd fokhagyma, zúzott

1 szelet gyömbérgyökér, apróra vágva

250 ml / 8 fl oz / 1 csésze szójaszósz

30 ml / 2 evőkanál rizsbor vagy száraz sherry

30 ml / 2 evőkanál barna cukor

5 ml / 1 teáskanál só

450 ml / ¾ pt / 2 csésze víz

15 ml / 1 evőkanál kukoricaliszt (kukoricakeményítő)

Az olajat felforrósítjuk, és a kacsamelleket aranybarnára sütjük. Adjuk hozzá a hagymát, a fokhagymát és a gyömbért, és pároljuk 2 percig. Adjuk hozzá a szójaszószt, a bort vagy a sherryt, a cukrot és a sót, és jól keverjük össze. Adjuk hozzá a vizet, forraljuk fel, fedjük le és pároljuk körülbelül 1 és fél órán keresztül, amíg a hús nagyon megpuhul. A kukoricalisztet kevés vízzel elkeverjük, majd a serpenyőbe keverjük, és lassú tűzön kevergetve addig főzzük, amíg a szósz besűrűsödik.

Sózott kacsa zöldbabbal

4 fő részére

45 ml / 3 evőkanál földimogyoró (mogyoró) olaj

4 kacsamell

3 mogyoróhagyma (hagyma), szeletelve

2 gerezd fokhagyma, zúzott

1 szelet gyömbérgyökér, apróra vágva

250 ml / 8 fl oz / 1 csésze szójaszósz

30 ml / 2 evőkanál rizsbor vagy száraz sherry

30 ml / 2 evőkanál barna cukor

5 ml / 1 teáskanál só

450 ml / ¾ pt / 2 csésze víz

225g/8oz zöldbab

15 ml / 1 evőkanál kukoricaliszt (kukoricakeményítő)

Az olajat felforrósítjuk, és a kacsamelleket aranybarnára sütjük. Adjuk hozzá a hagymát, a fokhagymát és a gyömbért, és pároljuk 2 percig. Adjuk hozzá a szójaszószt, a bort vagy a sherryt, a cukrot és a sót, és jól keverjük össze. Adjuk hozzá a vizet, forraljuk fel, fedjük le és pároljuk körülbelül 45 percig. Adjuk hozzá a babot, fedjük le és pároljuk további 20 percig. A kukoricalisztet kevés vízzel elkeverjük, majd a serpenyőbe keverjük, és lassú tűzön kevergetve addig főzzük, amíg a szósz besűrűsödik.

Lassan főtt kacsa

4 fő részére

1 kacsa

50 g / 2 uncia / ½ csésze kukoricaliszt (kukoricakeményítő)

olaj a sütéshez

2 gerezd fokhagyma, zúzott

30 ml / 2 evőkanál rizsbor vagy száraz sherry

30 ml / 2 evőkanál szójaszósz

5 ml / 1 teáskanál reszelt gyömbér gyökér

750 ml / 1 ¼ pt / 3 csésze csirkehúsleves

4 szárított kínai gomba

225g/8oz bambuszrügy, szeletelve

225g/8oz vízgesztenye, szeletelve

10 ml / 2 teáskanál cukor

csipet bors

5 mogyoróhagyma (mogyoróhagyma), szeletelve

A kacsát apró darabokra vágjuk. Tartson 30 ml/2 evőkanál kukoricalisztet, és vonja be a kacsát a maradék kukoricaliszttel. Távolítsa el a felesleges port. Az olajat felforrósítjuk és a fokhagymát és a kacsát enyhén aranysárgára sütjük. Kivesszük a tepsiből, és konyhai papíron lecsepegtetjük. Helyezze a kacsát egy nagy serpenyőbe. Keverje össze a bort vagy a sherryt, a 15 ml/1 evőkanál szójaszószt és a gyömbért. Adjuk hozzá a serpenyőbe, és főzzük nagy lángon 2 percig. Adjuk hozzá a húsleves felét, forraljuk fel, fedjük le és pároljuk körülbelül 1 órán át, amíg a kacsa megpuhul.

Közben a gombát 30 percre meleg vízbe áztatjuk, majd leszűrjük. Dobja el a szárakat, és vágja le a tetejét. Adjuk hozzá a gombát, a bambuszrügyet és a vizes gesztenyét a kacsához, és főzzük gyakran kevergetve 5 percig. Távolítsa el a zsírt a folyadékról. A maradék húslevest, a kukoricalisztet és a szójaszószt összekeverjük a cukorral és a borssal, majd a serpenyőbe keverjük. Forraljuk fel keverés közben, majd pároljuk körülbelül 5 percig, amíg a szósz besűrűsödik. Meleg tálba tesszük, és mogyoróhagymával díszítve tálaljuk.

Sült kacsa

4 fő részére

1 tojásfehérje enyhén felverve

20 ml / 1½ evőkanál kukoricaliszt (kukoricakeményítő)

só

450 g/1 font kacsamell, vékonyra szeletelve

45 ml / 3 evőkanál földimogyoró (mogyoró) olaj

2 mogyoróhagyma (hagyma), csíkokra vágva

1 zöldpaprika csíkokra vágva

5 ml / 1 teáskanál rizsbor vagy száraz sherry

75 ml / 5 evőkanál csirkehúsleves

2,5 ml / ½ teáskanál cukor

Verjük fel a tojásfehérjét 15 ml / 1 evőkanál kukoricaliszttel és egy csipet sóval. Hozzáadjuk a felszeletelt kacsát, és addig verjük, amíg a kacsa be nem vonódik. Az olajat felforrósítjuk és a kacsát szép aranybarnára sütjük. Vegye ki a kacsát a serpenyőből, és ürítse ki az összes olajat, kivéve 30 ml/2 evőkanál. Adjuk hozzá a metélőhagymát és a borsot, és pároljuk 3 percig. Adjuk hozzá a bort vagy a sherryt, az alaplevet és a cukrot, és forraljuk fel. A maradék kukoricalisztet kevés vízzel elkeverjük, a szószhoz keverjük, és lassú tűzön kevergetve addig főzzük, amíg a szósz besűrűsödik. Hozzáadjuk a kacsát, felforrósítjuk és tálaljuk.

Kacsa édesburgonyával

4 fő részére

1 kacsa

250 ml / 8 fl oz / 1 csésze földimogyoró-olaj

225 g/8 uncia édesburgonya, meghámozva és kockára vágva

2 gerezd fokhagyma, zúzott

1 szelet gyömbérgyökér, apróra vágva

2,5 ml / ½ teáskanál fahéj

2,5 ml / ½ teáskanál őrölt szegfűszeg

csipetnyi őrölt ánizs

5 ml / 1 teáskanál cukor

15 ml / 1 evőkanál szójaszósz

250 ml / 8 fl oz / 1 csésze csirkeleves

15 ml / 1 evőkanál kukoricaliszt (kukoricakeményítő)

30 ml / 2 evőkanál víz

A kacsát 5 cm-es darabokra vágjuk, az olajat felforrósítjuk és a burgonyát aranybarnára sütjük. Vegye ki a serpenyőből, és ürítse ki az összes olajat, kivéve 30 ml/2 evőkanál olajat. Adjuk hozzá a fokhagymát és a gyömbért, és pirítsuk 30 másodpercig. Hozzáadjuk a kacsát, és minden oldalról enyhén barnára sütjük.

Adjuk hozzá a fűszereket, a cukrot, a szójaszószt és a húslevest, majd forraljuk fel. Adjuk hozzá a burgonyát, fedjük le és pároljuk körülbelül 20 percig, amíg a kacsa megpuhul. A kukoricalisztet a vízzel pépesre keverjük, majd a serpenyőbe keverjük, és lassú tűzön kevergetve addig főzzük, amíg a szósz besűrűsödik.

édes-savanyú kacsa

4 fő részére

1 kacsa

1,2 l / 2 pont / 5 csésze csirkehúsleves

2 hagyma

2 sárgarépa

2 gerezd fokhagyma, szeletelve

15 ml / 1 evőkanál pác fűszerek

10 ml / 2 teáskanál só

10 ml / 2 teáskanál mogyoróolaj

6 mogyoróhagyma (mogyoróhagyma), apróra vágva

1 mangó meghámozva és kockákra vágva

12 licsi félbevágva

15 ml / 1 evőkanál kukoricaliszt (kukoricakeményítő)

15 ml / 1 evőkanál borecet

10 ml / 2 teáskanál paradicsompüré (tészta)

15 ml / 1 evőkanál szójaszósz

5 ml/1 teáskanál ötfűszer por

300 ml / ½ pt / 1¼ csésze csirkeleves

Tegye a kacsát egy párolókosárba egy serpenyő fölé, amely húslevest, hagymát, sárgarépát, fokhagymát, savanyúságot és sót tartalmaz. Fedjük le és pároljuk 2 és fél órán át. Hűtsük le a kacsát, fedjük le és hagyjuk hűlni 6 órán keresztül. Távolítsa el a húst a csontokról és vágja kockákra. Az olajat felforrósítjuk, és a kacsát és az újhagymát ropogósra pirítjuk. Hozzáadjuk a többi hozzávalót, felforraljuk, és kevergetve 2 percig főzzük, amíg a szósz besűrűsödik.

mandarin kacsa

4 fő részére

1 kacsa

60 ml / 4 evőkanál mogyoróolaj

1 darab szárított mandarin héja

900 ml / 1½ pont / 3¾ csésze csirkeleves

5 ml / 1 teáskanál só

Akassza fel a kacsát száradni 2 órára. Az olaj felét felforrósítjuk, és enyhén aranybarnára sütjük a kacsát. Tedd át egy nagy hőálló tálba. A maradék olajat felforrósítjuk és a mandarin héját 2 percig sütjük, majd a kacsába helyezzük. A húslevest a kacsára öntjük és sóval ízesítjük. Tegye a tálat egy rácsra egy párolóba, fedje le és párolja körülbelül 2 órán keresztül, amíg a kacsa megpuhul.

Kacsa zöldségekkel

4 fő részére

1 nagy kacsa, 16 darabra vágva

só

300 ml / ½ pt / 1¼ csésze víz

300 ml / ½ pt / 1¼ csésze száraz fehérbor

120 ml / 4 fl oz / ½ csésze borecet

45 ml / 3 evőkanál szójaszósz

30 ml / 2 evőkanál szilvaszósz

30 ml / 2 evőkanál hoisin szósz

5 ml/1 teáskanál ötfűszer por

6 mogyoróhagyma (mogyoróhagyma), apróra vágva

2 sárgarépa apróra vágva

5 cm / 2 apróra vágott fehér retek

50g/2oz bok choy, kockára vágva

frissen őrölt bors

5 ml / 1 teáskanál cukor

A kacsadarabokat egy tálba tesszük, megszórjuk sóval, majd hozzáadjuk a vizet és a bort. Adjuk hozzá a borecetet, a szójaszószt, a szilvaszószt, a hoisin szószt és az ötfűszeres port, forraljuk fel, fedjük le és pároljuk körülbelül 1 órán át. Adjuk hozzá a zöldségeket a serpenyőhöz, vegyük le a fedőt, és pároljuk további 10 percig. Sóval, borssal és cukorral ízesítjük, majd hagyjuk kihűlni. Lefedjük és egy éjszakára hűtőbe tesszük. Lefújjuk a zsírt, majd a kacsát a szószban 20 percig melegítjük.

Sült kacsa zöldségekkel

4 fő részére

4 szárított kínai gomba

1 kacsa

10 ml / 2 teáskanál kukoricaliszt (kukoricakeményítő)

15 ml / 1 evőkanál szójaszósz

45 ml / 3 evőkanál földimogyoró (mogyoró) olaj

100 g/4 uncia bambuszrügy, csíkokra vágva

50g vízgesztenye, csíkokra vágva

120 ml / 4 fl uncia / ½ csésze csirkeleves

15 ml / 1 evőkanál rizsbor vagy száraz sherry

5 ml / 1 teáskanál só

A gombát 30 percre meleg vízbe áztatjuk, majd leszűrjük. Dobja el a szárakat, és vágja fel a tetejét. Távolítsa el a húst a csontokról és vágja kockákra. A kukoricalisztet és a szójaszószt összekeverjük, a kacsahúshoz adjuk és 1 órát pihentetjük. Az olajat felforrósítjuk, és a kacsát minden oldalról enyhén barnára sütjük. Vegye ki a serpenyőből. Tedd a serpenyőbe a gombát, a bambuszrügyet és a vizes gesztenyét, és kevergetve pirítsd 3 percig. Adjuk hozzá az alaplevet, a bort vagy a sherryt és a sót, forraljuk fel és pároljuk 3 percig. Tegyük vissza a kacsát a serpenyőbe, fedjük le és pároljuk további 10 percig, amíg a kacsa megpuhul.

Fehér főtt kacsa

4 fő részére

1 szelet gyömbérgyökér, apróra vágva
250 ml / 8 fl oz / 1 csésze rizsbor vagy száraz sherry
sót és frissen őrölt borsot
1 kacsa
3 mogyoróhagyma (mogyoróhagyma), apróra vágva
5 ml / 1 teáskanál só
100 g/4 uncia bambuszrügy, szeletelve
100g/4oz füstölt sonka, szeletelve

Keverjük össze a gyömbért, 15 ml/1 evőkanál bort vagy sherryt, kevés sót és borsot. Kenjük rá a kacsára, és hagyjuk állni 1 órát. Helyezzük a madarat egy vastag alapú serpenyőbe a páclével, és adjuk hozzá az újhagymát és a sót. Annyi hideg vizet adunk hozzá, hogy ellepje a kacsát, forraljuk fel, fedjük le és pároljuk körülbelül 2 órán keresztül, amíg a kacsa megpuhul. Adjuk hozzá a bambuszrügyet és a sonkát, és pároljuk további 10 percig.

Kacsa borral

4 fő részére

1 kacsa

15 ml / 1 evőkanál sárgabab szósz

1 hagyma szeletelve

1 üveg száraz fehérbor

A kacsát kívül-belül bedörzsöljük a sárgabab szósszal. Helyezze a hagymát az üregbe. Forraljuk fel a bort egy nagy serpenyőben, adjuk hozzá a kacsát, forraljuk vissza, fedjük le és pároljuk körülbelül 3 órán át, amíg a kacsa megpuhul. Lecsöpögtetjük és szeletekre vágjuk a tálaláshoz.

Párolt tojás hallal

4 fő részére

225g/8oz talpfilé, csíkokra vágva

30 ml / 2 evőkanál kukoricaliszt (kukoricakeményítő)

½ apró zöldpaprika, apróra vágva

1 újhagyma (hagyma), apróra vágva

30 ml / 2 evőkanál mogyoróolaj

120 ml / 4 fl uncia / ½ csésze csirkeleves

3 tojás, enyhén felverve

csipet só

A halcsíkokat enyhén beszórjuk a kukoricalisztbe, majd lerázzuk a felesleget. Helyezze őket egy sekély, tűzálló edénybe. Megszórjuk a borssal, a metélőhagymával és az olajjal. A csirkelevest felforrósítjuk, a tojásokhoz keverjük, sózzuk, majd a keveréket a halra öntjük. Tegye az edényt egy párolórácsra, fedje le, és forró víz fölött párolja körülbelül 40 percig, amíg a hal meg nem fő és a tojás megszilárdul.

Párolt tojás sonkával és hallal

4-6 adaghoz

6 tojás, szétválasztva

225 g/8 uncia apróra vágott tőkehal (őrölt)

375 ml / 13 fl oz / 1½ csésze meleg víz

csipet só

50g/2oz füstölt sonka, apróra vágva

15 ml / 1 evőkanál mogyoróolaj

lapos levelű petrezselyem ágak

A tojásfehérjét kikeverjük a hallal, a víz felével és egy kevés sóval, majd egy lapos tűzálló edénybe öntjük. A tojássárgákat kikeverjük a maradék vízzel, a sonkával és egy kevés sóval, majd a tojásfehérje keverék tetejére öntjük. Tegye az edényt egy rácsra egy párolóba, fedje le, és forrásban lévő víz felett párolja körülbelül 20 percig, amíg a tojás elkészül. Az olajat füstöléspontig hevítjük, a tojásokra öntjük, és petrezselyemmel díszítve tálaljuk.

Párolt tojás sertéshússal

4 fő részére

45 ml / 3 evőkanál földimogyoró (mogyoró) olaj

225 g/8 uncia sovány sertéshús, darált (őrölt)

100 g/4 oz vízgesztenye, apróra vágva (őrölt)

1 újhagyma (hagyma), apróra vágva

30 ml / 2 evőkanál szójaszósz

5 ml / 1 teáskanál só

120 ml / 4 fl uncia / ½ csésze csirkeleves

4 tojás, enyhén felverve

Az olajat felforrósítjuk, és a sertéshúst, a vizes gesztenyét és a mogyoróhagymát halvány színűre sütjük. Adjuk hozzá a szójaszószt és a sót, majd csepegtessük le a felesleges olajat, és öntsük egy sekély tűzálló edénybe. A húslevest felforrósítjuk, összekeverjük a tojással, és ráöntjük a húsos keverékre. Tegye az edényt egy párolórácsra, majd fedje le, és forrásban lévő víz felett párolja körülbelül 30 percig, amíg a tojás elkészül.

Sült sertés tojás

4 fő részére

100 g darált sertéshús (őrölt)
2 metélőhagyma (hagyma), apróra vágva
15 ml / 1 evőkanál kukoricaliszt (kukoricakeményítő)
15 ml / 1 evőkanál rizsbor vagy száraz sherry
15 ml / 1 evőkanál szójaszósz
2,5 ml / ½ teáskanál só
4 kemény tojás
olaj a sütéshez
½ fej saláta, lereszelve

Keverje össze a sertéshúst, a mogyoróhagymát, a kukoricakeményítőt, a bort vagy a sherryt, a szójaszószt és a sót. Körbe formázzuk a tojásokat, hogy teljesen ellepje. Az olajat felforrósítjuk, és a tojásokat aranybarnára sütjük és átsütjük. Kivesszük és jól lecsepegtetjük, majd salátaágyon tálaljuk.

Tükörtojás szójaszósszal

4 fő részére

45 ml / 3 evőkanál földimogyoró (mogyoró) olaj

4 tojás

15 ml / 1 evőkanál szójaszósz

¼ apróra vágott saláta

Az olajat nagyon forróra hevítjük, és a tojásokat beleütjük a serpenyőbe. Addig főzzük, amíg az alja enyhén megpirul, szójaszósszal bőven meglocsoljuk, és a sárgája törése nélkül megfordítjuk. Még 1 percig pirítjuk. Helyezze a salátát egy tálra, és helyezze rá a tojásokat a tálaláshoz.

félhold tojás

4 fő részére

45 ml / 3 evőkanál földimogyoró (mogyoró) olaj
4 tojás
sót és frissen őrölt borsot
15 ml / 1 evőkanál szójaszósz
15 ml / 1 evőkanál apróra vágott friss lapos petrezselyem

Az olajat nagyon forróra hevítjük, és a tojásokat beleütjük a serpenyőbe. Addig főzzük, amíg az alja enyhén megpirul, majd meglocsoljuk sóval, borssal és szójaszósszal. Hajtsa félbe a tojást, és óvatosan nyomja meg, hogy összetartsa. További 2 percig sütjük mindkét oldalukon aranybarnára, majd petrezselyemmel megszórva tálaljuk.

Tükörtojás zöldségekkel

4 fő részére

4 szárított kínai gomba

30 ml / 2 evőkanál mogyoróolaj

2,5 ml / ½ teáskanál só

3 mogyoróhagyma (mogyoróhagyma), apróra vágva

50 g/2 uncia bambuszrügy, szeletelve

50g/2oz vízgesztenye, szeletelve

90 ml / 6 evőkanál csirkehúsleves

10 ml / 2 teáskanál kukoricaliszt (kukoricakeményítő)

15 ml / 1 evőkanál víz

5 ml / 1 teáskanál cukor

olaj a sütéshez

4 tojás

¼ apróra vágott saláta

A gombát 30 percre meleg vízbe áztatjuk, majd leszűrjük. Dobja el a szárakat, és vágja le a tetejét. Az olajat és a sót felforrósítjuk, és a metélőhagymát 30 másodpercig megpirítjuk. Hozzáadjuk a bambuszrügyet és a vizes gesztenyét, és kevergetve 2 percig pirítjuk. Adjuk hozzá a levest, forraljuk fel, fedjük le és pároljuk 2 percig. Keverjük össze a kukoricalisztet és a vizet, amíg pépet nem kapunk, majd keverjük a serpenyőbe a cukorral. Lassú tűzön kevergetve főzzük, amíg a szósz besűrűsödik. Közben felforrósítjuk az olajat, és néhány percig sütjük a tojásokat, amíg a széle barnulni nem kezd. A salátát tálaló tányérra tesszük, megkenjük a tojással, és felöntjük a forró mártással.

Kínai omlett

4 fő részére

4 tojás

sót és frissen őrölt borsot

30 ml / 2 evőkanál mogyoróolaj

A tojásokat enyhén felverjük, sóval, borssal ízesítjük. Melegítsük fel az olajat, majd öntsük a tojásokat a serpenyőbe, és döntsük meg a serpenyőt úgy, hogy a tojás ellepje a felületet. Emelje meg a tortilla széleit, amikor a tojás megdermed, hogy a nyers tojás lefusson alatta. Készre főzzük, majd félbehajtjuk és egyben tálaljuk.

Kínai omlett babcsírával

4 fő részére

100g/4oz babcsíra

4 tojás

sót és frissen őrölt borsot

30 ml / 2 evőkanál mogyoróolaj

½ apró zöldpaprika, apróra vágva

2 mogyoróhagyma (mogyoróhagyma), apróra vágva

A babcsírát forrásban lévő vízben 2 percig blansírozzuk, majd jól leszűrjük. A tojásokat enyhén felverjük, sóval, borssal ízesítjük. Az olajat felforrósítjuk, és 1 percig pirítjuk a borsot és a metélőhagymát. Hozzáadjuk a babcsírát, és addig keverjük, amíg az olajos el nem vonja. Öntse a tojásokat a serpenyőbe, és döntse meg a serpenyőt úgy, hogy a tojás ellepje a felületet. Emelje meg a tortilla széleit, amikor a tojás megdermed, hogy a nyers tojás lefusson alatta. Készre főzzük, majd félbehajtjuk és egyben tálaljuk.

Karfiol Omlett

4 fő részére

1 karfiol rózsákra vágva
225 g/8 uncia csirkehús, darált (darált)
5 ml / 1 teáskanál só
3 tojásfehérje, enyhén felverve
2,5 ml / ½ teáskanál zellersó
45 ml / 3 evőkanál csirkehúsleves
45 ml / 3 evőkanál földimogyoró (mogyoró) olaj

A karfiolvirágokat forrásban lévő vízben 10 percig blansírozzuk, majd jól leszűrjük. Keverjük össze a csirkét, a sót, a tojásfehérjét, a zellersót és a húslevest. Elektromos mixerrel addig keverjük, amíg lágy csúcsokat nem kapunk. Felforrósítjuk az olajat, hozzáadjuk a csirkemeveréket, és körülbelül 2 percig sütjük. Adjuk hozzá a karfiolt, és tálalás előtt pirítsuk további 2 percig.

Rák omlett barna szósszal

4 fő részére

15 ml / 1 evőkanál mogyoróolaj

4 felvert tojás

2,5 ml / ½ teáskanál só

200 g/7 uncia rákhús, pelyhesítve

175 ml / 6 fl oz / ¾ csésze csirkeleves

15 ml / 1 evőkanál szójaszósz

10 ml / 2 teáskanál kukoricaliszt (kukoricakeményítő)

45 ml / 3 evőkanál főtt borsó

Az olajat felforrósítjuk. A tojást és a sót felverjük, majd hozzáadjuk a rákhúst. Öntsük a serpenyőbe, és főzzük úgy, hogy az omlett széleit megemeljük, miközben a tojás megdermed, hogy a nyers tojás befusson alatta. Készre főzzük, majd félbehajtjuk és meleg tálra tesszük. Közben a levest a szójaszósszal és a kukoricakeményítővel felforraljuk, és addig keverjük, amíg a keverék felforr és besűrűsödik. 2 percig pároljuk, majd hozzáadjuk a borsót. Közvetlenül tálalás előtt öntsük rá a tortillára.

Sonka és víz gesztenye omlett

2 adag

30 ml / 2 evőkanál mogyoróolaj
1 apróra vágott hagyma
1 gerezd zúzott fokhagyma
50 g/2 uncia apróra vágott sonka
50g/2oz vízgesztenye, apróra vágva
15 ml / 1 evőkanál szójaszósz
50 g/2 uncia cheddar sajt
3 felvert tojás

Az olaj felét felforrósítjuk, és a hagymát, fokhagymát, sonkát, vizes gesztenyét és a szójaszószt enyhén aranyszínűre pároljuk. Vegye ki őket a serpenyőből. A maradék olajat felforrósítjuk, hozzáadjuk a tojásokat, és a közepébe kanalazzuk, amikor már kezd dermedni, hogy a nyers tojás lefusson alatta. Ha kész a tojás, ráöntjük a sonkás keveréket a tortilla felére, rátesszük a sajtot, és ráhajtjuk a tortilla másik felét. Fedjük le, és főzzük 2 percig, majd fordítsuk meg és főzzük további 2 percig, amíg aranybarna nem lesz.

Omlett homárral

4 fő részére

4 tojás

sót és frissen őrölt borsot

30 ml / 2 evőkanál mogyoróolaj

3 mogyoróhagyma (mogyoróhagyma), apróra vágva

100 g/4 uncia homárhús, darálva

A tojásokat enyhén felverjük, sóval, borssal ízesítjük. Az olajat felforrósítjuk és a metélőhagymát 1 percig pirítjuk. Adjuk hozzá a homárt, és keverjük addig, amíg az olajos bevonat nem lesz. Öntse a tojásokat a serpenyőbe, és döntse meg a serpenyőt úgy, hogy a tojás ellepje a felületet. Emelje meg a tortilla széleit, amikor a tojás megdermed, hogy a nyers tojás lefusson alatta. Készre főzzük, majd félbehajtjuk és egyben tálaljuk.

Osztriga omlett

4 fő részére

4 tojás

120 ml / 4 fl uncia / ½ csésze tej

12 nyírt osztriga

3 mogyoróhagyma (mogyoróhagyma), apróra vágva

sót és frissen őrölt borsot

30 ml / 2 evőkanál mogyoróolaj

50g/2oz sovány sertéshús, aprítva

50 g/2 uncia gomba, szeletelve

50 g/2 uncia bambuszrügy, szeletelve

A tojásokat enyhén felverjük a tejjel, az osztrigával, a metélőhagymával, sóval és borssal. Az olajat felforrósítjuk, és a sertéshúst enyhén barnára sütjük. Adjuk hozzá a gombát és a bambuszrügyet, és pirítsuk 2 percig. Öntsük a tojásos keveréket a serpenyőbe, és főzzük úgy, hogy az omlett széleit megemeljük, miközben a tojás megdermed, hogy a nyers tojás lefusson alatta. Készre sütjük, majd félbehajtjuk, megfordítjuk a tortillát, és addig sütjük, amíg a másik oldaluk enyhén megpirul. Egyszerre tálaljuk.

Garnéla omlett

4 fő részére

4 tojás

15 ml / 1 evőkanál rizsbor vagy száraz sherry

sót és frissen őrölt borsot

30 ml / 2 evőkanál mogyoróolaj

1 szelet gyömbérgyökér, apróra vágva

225g/8oz hámozott garnélarák

A tojásokat enyhén felverjük a borral vagy a sherryvel, majd sózzuk, borsozzuk. Az olajat felforrósítjuk és a gyömbért enyhén aranysárgára sütjük. Adjuk hozzá a garnélarákot, és keverjük addig, amíg az olajos bevonat nem lesz. Öntse a tojásokat a serpenyőbe, és döntse meg a serpenyőt úgy, hogy a tojás ellepje a felületet. Emelje meg a tortilla széleit, amikor a tojás megdermed, hogy a nyers tojás lefusson alatta. Készre főzzük, majd félbehajtjuk és egyben tálaljuk.

Omlett kagylóval

4 fő részére

4 tojás

5 ml / 1 teáskanál szójaszósz

sót és frissen őrölt borsot

30 ml / 2 evőkanál mogyoróolaj

3 mogyoróhagyma (mogyoróhagyma), apróra vágva

225 g/8 uncia fésűkagyló, félbe vágva

A tojásokat enyhén felverjük a szójaszósszal, és sóval, borssal ízesítjük. Az olajat felforrósítjuk és a metélőhagymát enyhén aranysárgára sütjük. Hozzáadjuk a tengeri herkentyűt és 3 percig pirítjuk. Öntse a tojásokat a serpenyőbe, és döntse meg a serpenyőt úgy, hogy a tojás ellepje a felületet. Emelje meg a tortilla széleit, amikor a tojás megdermed, hogy a nyers tojás lefusson alatta. Készre főzzük, majd félbehajtjuk és egyben tálaljuk.

Omlett tofuval

4 fő részére

4 tojás

sót és frissen őrölt borsot

30 ml / 2 evőkanál mogyoróolaj

225g/8oz tofu, zúzott

A tojásokat enyhén felverjük, sóval, borssal ízesítjük. Felforrósítjuk az olajat, majd hozzáadjuk a tofut, és kevergetve addig sütjük, amíg át nem melegszik. Öntse a tojásokat a serpenyőbe, és döntse meg a serpenyőt úgy, hogy a tojás ellepje a felületet. Emelje meg a tortilla széleit, amikor a tojás megdermed, hogy a nyers tojás lefusson alatta. Készre főzzük, majd félbehajtjuk és egyben tálaljuk.

Sertés töltött omlett

4 fő részére

50g/2oz babcsíra

60 ml / 4 evőkanál mogyoróolaj

225g/8oz sovány sertéshús, kockára vágva

3 mogyoróhagyma (mogyoróhagyma), apróra vágva

1 szár zeller, apróra vágva

15 ml / 1 evőkanál szójaszósz

5 ml / 1 teáskanál cukor

4 tojás, enyhén felverve

só

A babcsírát forrásban lévő vízben 3 percig blansírozzuk, majd jól leszűrjük. Az olaj felét felforrósítjuk, és a sertéshúst enyhén barnára sütjük. Adjuk hozzá a mogyoróhagymát és a zellert, és pirítsuk 1 percig. Adjuk hozzá a szójaszószt és a cukrot, és pirítsuk 2 percig. Vegye ki a serpenyőből. A felvert tojásokat sóval ízesítjük. A maradék olajat felforrósítjuk, és a tojásokat a serpenyőbe öntjük, megdöntve a serpenyőt úgy, hogy a tojás ellepje a felületet. Emelje meg a tortilla széleit, amikor a tojás megdermed, hogy a nyers tojás lefusson alatta. A tortilla felére helyezzük a tölteléket, és félbehajtjuk. Készre főzzük, majd egyből tálaljuk.

Garnélával töltött omlett

4 fő részére

30 ml / 2 evőkanál mogyoróolaj

2 szár zeller, apróra vágva

2 mogyoróhagyma (mogyoróhagyma), apróra vágva

225 g/8 uncia hámozott garnélarák, félbevágva

4 tojás, enyhén felverve

só

Az olaj felét felforrósítjuk, és a zellert és a hagymát enyhén aranybarnára pároljuk. Adjuk hozzá a garnélarákot és pároljuk, amíg át nem melegszik. Vegye ki a serpenyőből. A felvert tojásokat sóval ízesítjük. A maradék olajat felforrósítjuk, és a tojásokat a serpenyőbe öntjük, megdöntve a serpenyőt úgy, hogy a tojás ellepje a felületet. Emelje meg a tortilla széleit, amikor a tojás megdermed, hogy a nyers tojás lefusson alatta. A tortilla felére helyezzük a tölteléket, és félbehajtjuk. Készre főzzük, majd egyből tálaljuk.

Párolt tortilla tekercs csirke töltelékkel

4 fő részére

4 tojás, enyhén felverve

só

15 ml / 1 evőkanál mogyoróolaj

100 g főtt csirke apróra vágva

2 szelet gyömbérgyökér, apróra vágva

1 apróra vágott hagyma

120 ml / 4 fl uncia / ½ csésze csirkeleves

15 ml / 1 evőkanál rizsbor vagy száraz sherry

A tojásokat felverjük és sóval ízesítjük. Kevés olajat hevítünk, és beleöntjük a tojások negyedét, megdöntve, hogy a keverék elterüljön a serpenyőben. Az egyik oldalát enyhén barnára sütjük, majd pihentetjük, majd tányéron fejjel lefelé fordítjuk. Főzzük meg a maradék 4 tortillát. Keverjük össze a csirkét, a gyömbért és a hagymát. A keveréket egyenletesen a tortillák közé helyezzük, feltekerjük, koktélrudakkal rögzítjük, és a tekercseket egy sekély, tűzálló edénybe helyezzük. Rácsra tesszük párolóba, lefedjük és 15 percig pároljuk. Meleg tálra tesszük és vastag szeletekre vágjuk. Közben felforrósítjuk a húslevest és a sherryt, majd sózzuk. Ráöntjük a tortillára és tálaljuk.

Osztriga palacsinta

4-6 adaghoz

12 osztriga

4 tojás, enyhén felverve

3 mogyoróhagyma (hagyma), szeletelve

sót és frissen őrölt borsot

6 ml / 4 evőkanál sima liszt (univerzális)

2,5 ml / ½ teáskanál sütőpor

45 ml / 3 evőkanál földimogyoró (mogyoró) olaj

Hámozza meg az osztrigát, 60 ml/4 evőkanál likőrt lefedve, és vágja durvára. A tojásokat keverjük össze az osztrigával, metélőhagymával, sóval, borssal. A lisztet és a sütőport összekeverjük, pépesre keverjük az osztriga likőrrel, majd a masszát a tojással. Kevés olajat felforrósítunk, és a masszából kanalanként kis palacsintákat sütünk. Süssük enyhén barnára mindkét oldalát, majd öntsünk még egy kevés olajat a serpenyőbe, és folytassuk addig, amíg az egész keveréket el nem használjuk.

Garnélarák palacsinta

4 fő részére

50 g hámozott garnélarák, apróra vágva
4 tojás, enyhén felverve
75 g / 3 uncia / púpozott ½ csésze sima liszt (univerzális)
sót és frissen őrölt borsot
120 ml / 4 fl uncia / ½ csésze csirkeleves
2 mogyoróhagyma (mogyoróhagyma), apróra vágva
30 ml / 2 evőkanál mogyoróolaj

Az olaj kivételével az összes hozzávalót összekeverjük. Kevés olajat felforrósítunk, beleöntjük a tészta negyedét, megdöntve a serpenyőt, hogy elterüljön az alapon. Addig sütjük, amíg az alja enyhén megpirul, majd megfordítjuk és a másik oldalát is megpirítjuk. Vegyük ki a serpenyőből, és főzzük tovább a maradék palacsintákat.

Kínai rántotta

4 fő részére

4 felvert tojás

2 mogyoróhagyma (mogyoróhagyma), apróra vágva

csipet só

5 ml / 1 teáskanál szójaszósz (opcionális)

30 ml / 2 evőkanál mogyoróolaj

Verjük fel a tojást a mogyoróhagymával, sóval és szójaszósszal, ha használunk. Az olajat felforrósítjuk, majd beleöntjük a tojásos keveréket. Óvatosan keverjük össze villával, amíg a tojás megszilárdul. Egyszerre tálaljuk.

Tojásrántotta hallal

4 fő részére

225g/8oz halfilé

30 ml / 2 evőkanál mogyoróolaj

1 szelet gyömbérgyökér, apróra vágva

2 mogyoróhagyma (mogyoróhagyma), apróra vágva

4 tojás, enyhén felverve

sót és frissen őrölt borsot

Helyezzük a halat egy hőálló tálba, és tegyük rácsra párolóba. Fedjük le és pároljuk körülbelül 20 percig, majd távolítsuk el a bőrt és morzsoljuk össze a húsát. Az olajat felforrósítjuk, és a gyömbért és a mogyoróhagymát enyhén megpirítjuk. Hozzáadjuk a halat, és addig keverjük, amíg az olajos el nem vonja. A tojásokat sóval, borssal ízesítjük, majd a serpenyőbe öntjük, és villával óvatosan keverjük, amíg a tojás megpuhul. Egyszerre tálaljuk.

Tojásrántotta gombával

4 fő részére

30 ml / 2 evőkanál mogyoróolaj

4 felvert tojás

3 mogyoróhagyma (mogyoróhagyma), apróra vágva

csipet só

5 ml / 1 teáskanál szójaszósz

100 g gomba durvára vágva

Az olaj felét felforrósítjuk, és a gombát néhány percig sütjük, amíg át nem melegszik, majd kivesszük a serpenyőből. Verjük fel a tojásokat a metélőhagymával, sóval és szójaszósszal. A maradék olajat felforrósítjuk, majd beleöntjük a tojásos keveréket. Óvatosan keverjük össze villával, amíg a tojások kezdenek megdermedni, majd tegyük vissza a gombát a serpenyőbe, és főzzük addig, amíg a tojás megdermed. Egyszerre tálaljuk.

Tojásrántotta osztrigaszósszal

4 fő részére

4 felvert tojás

3 mogyoróhagyma (mogyoróhagyma), apróra vágva

sót és frissen őrölt borsot

5 ml / 1 teáskanál szójaszósz

30 ml / 2 evőkanál mogyoróolaj

15 ml / 1 evőkanál osztrigaszósz

100 g főtt sonka, aprítva

2 szál lapos petrezselyem

Verjük fel a tojásokat a metélőhagymával, sóval, borssal és szójaszósszal. Adjuk hozzá az olaj felét. A maradék olajat felforrósítjuk, majd beleöntjük a tojásos keveréket. Óvatosan keverjük villával, amíg a tojások kezdenek megdermedni, majd adjuk hozzá az osztrigaszószt, és főzzük addig, amíg a tojás megdermed. Sonkával és petrezselyemmel díszítve tálaljuk.

Tojásrántotta sertéshússal

4 fő részére

225 g/8 uncia sovány sertéshús, szeletelve

30 ml / 2 evőkanál szójaszósz

30 ml / 2 evőkanál mogyoróolaj

2 mogyoróhagyma (mogyoróhagyma), apróra vágva

4 felvert tojás

csipet só

5 ml / 1 teáskanál szójaszósz

Keverjük össze a sertéshúst és a szójaszószt, hogy a sertéshús jól bevonódjon. Az olajat felforrósítjuk, és a sertéshúst enyhén barnára sütjük. Adjuk hozzá a mogyoróhagymát, és pirítsuk 1 percig. Verjük fel a tojásokat a mogyoróhagymával, a sóval és a szójaszósszal, majd öntsük a tojásos keveréket a serpenyőbe. Óvatosan keverjük össze villával, amíg a tojás megszilárdul. Egyszerre tálaljuk.

Tojásrántotta sertéshússal és garnélával

4 fő részére

100 g darált sertéshús (őrölt)

225g/8oz hámozott garnélarák

2 mogyoróhagyma (mogyoróhagyma), apróra vágva

1 szelet gyömbérgyökér, apróra vágva

5 ml / 1 teáskanál kukoricaliszt (kukoricakeményítő)

15 ml / 1 evőkanál rizsbor vagy száraz sherry

15 ml / 1 evőkanál szójaszósz

sót és frissen őrölt borsot

45 ml / 3 evőkanál földimogyoró (mogyoró) olaj

4 tojás, enyhén felverve

Keverje össze a sertéshúst, a garnélarákot, a mogyoróhagymát, a gyömbért, a kukoricakeményítőt, a bort vagy a sherryt, a szójaszószt, a sót és a borsot. Felforrósítjuk az olajat, és a sertéshús keveréket enyhén barnára sütjük. Beleöntjük a tojásokat, és villával óvatosan addig keverjük, amíg a tojás megszilárdul. Egyszerre tálaljuk.

Spenótos rántotta

4 fő részére

45 ml / 3 evőkanál földimogyoró (mogyoró) olaj

225 g/8 uncia spenót

4 felvert tojás

2 mogyoróhagyma (mogyoróhagyma), apróra vágva

csipet só

Az olaj felét felforrósítjuk, és a spenótot néhány percig sütjük, amíg élénkzöld nem lesz, de nem fonnyad meg. Kivesszük a serpenyőből, és apróra vágjuk. Verjük fel a tojást a mogyoróhagymával, sóval és szójaszósszal, ha használunk. Adjuk hozzá a spenótot. Az olajat felforrósítjuk, majd beleöntjük a tojásos keveréket. Óvatosan keverjük össze villával, amíg a tojás megszilárdul. Egyszerre tálaljuk.

Rántotta metélőhagymával

4 fő részére

4 felvert tojás

8 mogyoróhagyma (mogyoróhagyma), apróra vágva

sót és frissen őrölt borsot

5 ml / 1 teáskanál szójaszósz

30 ml / 2 evőkanál mogyoróolaj

Verjük fel a tojásokat a metélőhagymával, sóval, borssal és szójaszósszal. Az olajat felforrósítjuk, majd beleöntjük a tojásos keveréket. Óvatosan keverjük össze villával, amíg a tojás megszilárdul. Egyszerre tálaljuk.

Tojásrántotta paradicsommal

4 fő részére

4 felvert tojás

2 mogyoróhagyma (mogyoróhagyma), apróra vágva

csipet só

30 ml / 2 evőkanál mogyoróolaj

3 paradicsom meghámozva és apróra vágva

Verjük fel a tojásokat a metélőhagymával és a sóval. Az olajat felforrósítjuk, majd beleöntjük a tojásos keveréket. Óvatosan keverjük addig, amíg a tojások megdermednek, majd keverjük hozzá a paradicsomot, és keverjük tovább, amíg megszilárdul. Egyszerre tálaljuk.

Tojásrántotta zöldségekkel

4 fő részére

30 ml / 2 evőkanál mogyoróolaj

5 ml / 1 teáskanál szezámolaj

1 zöldpaprika kockákra vágva

1 gerezd fokhagyma, felaprítva

100 g/4 oz hóborsó, félbe vágva

4 felvert tojás

2 mogyoróhagyma (mogyoróhagyma), apróra vágva

csipet só

5 ml / 1 teáskanál szójaszósz

A mogyoróolaj felét felforrósítjuk a szezámolajjal, és enyhén aranybarnára pároljuk a borsot és a fokhagymát. Hozzáadjuk a hóborsót, és 1 percig pirítjuk. Verjük fel a tojásokat a mogyoróhagymával, a sóval és a szójaszósszal, majd öntsük a keveréket a serpenyőbe. Óvatosan keverjük össze villával, amíg a tojás megszilárdul. Egyszerre tálaljuk.

Csirke szufla

4 fő részére

*100 g/4 uncia darált csirkemell
(padló)
45 ml / 3 evőkanál csirkehúsleves
2,5 ml / ½ teáskanál só
4 tojás fehérje
75 ml / 5 evőkanál földimogyoró (mogyoró) olaj*

A csirkét, a húslevest és a sót jól összekeverjük. A tojásfehérjét kemény habbá verjük, és a masszához adjuk. Az olajat füstölésig felhevítjük, hozzáadjuk a keveréket és jól összekeverjük, majd csökkentjük a hőfokot, és óvatosan kevergetve tovább főzzük, amíg a keverék megszilárdul.

Rák szufla

4 fő részére

100 g rákhús, pelyhesítve

só

15 ml / 1 evőkanál kukoricaliszt (kukoricakeményítő)

120 ml / 4 fl uncia / ½ csésze tej

4 tojás fehérje

75 ml / 5 evőkanál földimogyoró (mogyoró) olaj

Keverjük össze a rákhúst, a sót, a kukoricakeményítőt és jól keverjük össze. A tojásfehérjét kemény habbá verjük, majd a masszához forgatjuk. Az olajat füstölésig felhevítjük, hozzáadjuk a keveréket és jól összekeverjük, majd csökkentjük a hőfokot, és óvatosan kevergetve tovább főzzük, amíg a keverék megszilárdul.

Rák és gyömbér szufla

4 fő részére

75 ml / 5 evőkanál földimogyoró (mogyoró) olaj

2 szelet gyömbérgyökér, apróra vágva

1 újhagyma (hagyma), apróra vágva

100 g rákhús, pelyhesítve

só

15 ml / 1 evőkanál rizsbor vagy száraz sherry

120 ml/4 láb uncia/k csésze tej

60 ml / 4 evőkanál csirkehúsleves

15 ml / 2 evőkanál kukoricaliszt (kukoricakeményítő)

4 tojás fehérje

5 ml / 1 teáskanál szezámolaj

Az olaj felét felforrósítjuk, és megpirítjuk benne a gyömbért és a hagymát, amíg megpuhul. Adjuk hozzá a rákhúst és a sót, vegyük le a tűzről, és hagyjuk kissé kihűlni. Keverjük össze a bort vagy a sherryt, a tejet, a húslevest és a kukoricalisztet, majd ezt keverjük a rákhús keverékhez. A tojásfehérjét kemény habbá verjük, majd a masszához forgatjuk. A maradék olajat füstölésig felhevítjük, hozzáadjuk a keveréket és jól összekeverjük, majd csökkentjük a hőt, és óvatosan kevergetve tovább főzzük, amíg a keverék megszilárdul.

Hal szufla

4 fő részére

3 tojás, szétválasztva
5 ml / 1 teáskanál szójaszósz
5 ml / 1 teáskanál cukor
sót és frissen őrölt borsot
450 g/1 font halfilé
45 ml / 3 evőkanál földimogyoró (mogyoró) olaj

A tojássárgáját kikeverjük a szójaszósszal, cukorral, sóval és borssal. A halat nagy darabokra vágjuk. Mártsuk a halat a keverékbe, amíg jól bevonat nem lesz. Az olajat felforrósítjuk, és a halat enyhén aranybarnára sütjük az alján. Közben a tojásfehérjét kemény habbá verjük. Fordítsa meg a halat, és helyezze a tojásfehérjét a hal tetejére. Főzzük 2 percig, amíg az alja enyhén aranybarna nem lesz, majd ismét fordítsuk meg, és főzzük még 1 percig, amíg a tojásfehérje szilárd és aranyszínű lesz. Paradicsomszósszal tálaljuk.

Garnélarák-sufla

4 fő részére

225 g/8 uncia hámozott garnélarák, apróra vágva

1 szelet gyömbérgyökér, apróra vágva

15 ml / 1 evőkanál rizsbor vagy száraz sherry

15 ml / 1 evőkanál szójaszósz

sót és frissen őrölt borsot

4 tojás fehérje

45 ml / 3 evőkanál földimogyoró (mogyoró) olaj

Keverje össze a garnélarákot, a gyömbért, a bort vagy a sherryt, a szójaszószt, a sót és a borsot. A tojásfehérjét kemény habbá verjük, majd a masszához forgatjuk. Az olajat füstölésig felhevítjük, hozzáadjuk a keveréket és jól összekeverjük, majd csökkentjük a hőfokot, és óvatosan kevergetve tovább főzzük, amíg a keverék megszilárdul.

Garnélarák szufla babcsírával

4 fő részére

100g/4oz babcsíra

100 g hámozott garnélarák, durvára vágva

2 mogyoróhagyma (mogyoróhagyma), apróra vágva

5 ml / 1 teáskanál kukoricaliszt (kukoricakeményítő)

15 ml / 1 evőkanál rizsbor vagy száraz sherry

120 ml / 4 fl uncia / ½ csésze csirkeleves

só

4 tojás fehérje

45 ml / 3 evőkanál földimogyoró (mogyoró) olaj

A babcsírát forrásban lévő vízben 2 percig blansírozzuk, majd leszűrjük és melegen tartjuk. Közben keverjük össze a garnélát, a hagymát, a kukoricakeményítőt, a bort vagy a sherryt és a húslevest, és ízesítsük sóval. A tojásfehérjét kemény habbá verjük, majd a masszához forgatjuk. Az olajat füstölésig felhevítjük, hozzáadjuk a keveréket és jól összekeverjük, majd csökkentjük a hőfokot, és óvatosan kevergetve tovább főzzük, amíg a keverék megszilárdul. Meleg tálaló tányérra tesszük, és rátesszük a babcsírát.

Növényi szufla

4 fő részére

5 tojás, szétválasztva

3 reszelt burgonya

1 kis hagyma apróra vágva

15 ml / 1 evőkanál apróra vágott friss petrezselyem

5 ml / 1 teáskanál szójaszósz

sót és frissen őrölt borsot

A tojásfehérjét kemény habbá verjük. Verjük fel a tojássárgáját sápadtságig, majd adjuk hozzá a burgonyát, a hagymát, a petrezselymet és a szójaszószt, és jól keverjük össze.

Hozzáadjuk a tojásfehérjét. Kivajazott szuflatálba öntjük, és 180°C-ra előmelegített sütőben, 4-es gázjelzéssel kb. 40 perc alatt megsütjük.

Foo Yung Egg

4 fő részére

4 tojás, enyhén felverve

só

100 g főtt csirke apróra vágva

1 apróra vágott hagyma

2 szár zeller, apróra vágva

50 g gomba apróra vágva

30 ml / 2 evőkanál mogyoróolaj

tojás foo yung szósz

Keverjük össze a tojást, a sót, a csirkét, a hagymát, a zellert és a gombát. Kevés olajat hevítünk, és a keverék negyedét a serpenyőbe öntjük. Addig sütjük, amíg az alja enyhén megpirul, majd megfordítjuk, és a másik oldalát is megpirítjuk. Tojás foo yung szósszal tálaljuk.

Foo Yung tükörtojás

4 fő részére

4 tojás, enyhén felverve

5 ml / 1 teáskanál só

100 g füstölt sonka, apróra vágva

100 g apróra vágott gomba

15 ml / 1 evőkanál szójaszósz

olaj a sütéshez

A tojásokat összekeverjük a sóval, a sonkával, a gombával és a szójaszósszal. Az olajat felforrósítjuk, és óvatosan evőkanálnyi keveréket öntünk az olajba. Addig sütjük, amíg a felszínre nem kelnek, mindkét oldalukat aranybarnára fordítjuk. Kivesszük az olajból, és lecsepegtetjük, amíg a maradék palacsintákat megsütjük.

Foo Yung rák gombával

4 fő részére

6 felvert tojás

45 ml / 3 evőkanál kukoricaliszt (kukoricakeményítő)

100 g/4 uncia rákhús

100 g gomba kockára vágva

100 g/4 uncia fagyasztott borsó

2 mogyoróhagyma (mogyoróhagyma), apróra vágva

5 ml / 1 teáskanál só

45 ml / 3 evőkanál földimogyoró (mogyoró) olaj

A tojásokat felverjük, majd hozzáadjuk a kukoricalisztet. Hozzáadjuk az összes többi hozzávalót, kivéve az olajat. Kevés olajat hevítünk, majd apránként a serpenyőbe öntjük, hogy kb. 7,5 cm széles palacsintákat kapjunk. Addig sütjük, amíg az alja enyhén aranybarna nem lesz, majd fordítsuk meg, és pirítsuk meg a másik oldalát is. Addig folytassa, amíg az összes keveréket fel nem használta.

Ham Egg Foo Yung

4 fő részére

60 ml / 4 evőkanál mogyoróolaj

50 g/2 uncia bambuszrügy, kockára vágva

50g/2oz vízgesztenye, kockára vágva

2 mogyoróhagyma (mogyoróhagyma), apróra vágva

2 szár zeller, felkockázva

50g/2oz füstölt sonka, kockára vágva

15 ml / 1 evőkanál szójaszósz

2,5 ml / ½ teáskanál cukor

2,5 ml / ½ teáskanál só

4 tojás, enyhén felverve

Az olaj felét felforrósítjuk, és körülbelül 2 percig pirítjuk benne a bambuszrügyet, a vizes gesztenyét, az újhagymát és a zellert. Adjuk hozzá a sonkát, a szójaszószt, a cukrot és a sót, vegyük ki a serpenyőből, és hagyjuk kissé kihűlni. Adjuk hozzá a keveréket a felvert tojáshoz. A maradék olajból egy keveset felforrósítunk, majd apránként a serpenyőbe öntjük, hogy kb. 7,5 cm széles palacsintákat kapjunk. Addig sütjük, amíg az alja enyhén aranybarna nem lesz, majd fordítsuk meg, és pirítsuk meg a másik oldalát is. Addig folytassa, amíg az összes keveréket fel nem használta.

Foo Yung sült sertéstojás

4 fő részére

4 szárított kínai gomba
60 ml / 3 evőkanál mogyoróolaj
100 g/4 uncia sertéssült, húzott
100g/4oz bok choy, reszelve
50 g/2 uncia bambuszrügy, szeletelve
50g/2oz vízgesztenye, szeletelve
4 tojás, enyhén felverve
sót és frissen őrölt borsot

A gombát 30 percre meleg vízbe áztatjuk, majd leszűrjük. Dobja el a szárakat, és vágja le a tetejét. Melegíts fel 30 ml / 2 evőkanál olajat, és pirítsd meg a gombát, a sertéshúst, a káposztát, a bambuszrügyet és a vizes gesztenyét 3 percig. Vegyük ki a serpenyőből és hagyjuk kicsit kihűlni, majd keverjük össze a tojással és ízesítsük sóval, borssal. A maradék olajból egy keveset felforrósítunk, majd apránként a serpenyőbe öntjük, hogy kb. 7,5 cm széles palacsintákat kapjunk. Addig sütjük, amíg az alja enyhén aranybarna nem lesz, majd fordítsuk meg, és pirítsuk meg a másik oldalát is. Addig folytassa, amíg az összes keveréket fel nem használta.

Sertéstojás és garnélarák Foo Yung

4 fő részére

45 ml / 3 evőkanál földimogyoró (mogyoró) olaj
100 g/4 uncia sovány sertéshús, szeletelve
1 apróra vágott hagyma
225g/8oz hámozott garnélarák, szeletelve
50g/2oz bok choy, reszelve
4 tojás, enyhén felverve
sót és frissen őrölt borsot

30 ml/2 evőkanál olajat hevítünk, és a sertéshúst és a hagymát enyhén aranybarnára sütjük. Hozzáadjuk a garnélarákot, és olajon megpirítjuk, majd hozzáadjuk a káposztát, jól összekeverjük, lefedve pároljuk 3 percig. Vegyük ki a serpenyőből, és hagyjuk kissé kihűlni. Adjuk hozzá a húsos keveréket a tojásokhoz, és ízesítsük sóval, borssal. A maradék olajból egy keveset felforrósítunk, majd apránként a serpenyőbe öntjük, hogy kb. 7,5 cm széles palacsintákat kapjunk. Addig sütjük, amíg az alja enyhén aranybarna nem lesz, majd fordítsuk meg, és pirítsuk meg a másik oldalát is. Addig folytassa, amíg az összes keveréket fel nem használta.

fehér rizs

4 fő részére

225 g / 8 uncia / 1 csésze hosszú szemű rizs
15 ml / 1 evőkanál olaj
750 ml / 1¼ pt / 3 csésze víz

Mossa meg a rizst, majd tegye egy serpenyőbe. Adjuk hozzá a vizet az olajhoz, majd öntsük a serpenyőbe úgy, hogy körülbelül 2,5 cm-rel a rizs felett legyen. Forraljuk fel, fedjük le szorosan záródó fedéllel, csökkentsük a hőt és pároljuk 20 percig.

Főtt barna rizs

4 fő részére

225 g / 8 uncia / 1 csésze hosszú szemű barna rizs
5 ml / 1 teáskanál só
900 ml / 1½ pont / 3¾ csésze víz

Mossa meg a rizst, majd tegye egy serpenyőbe. Adjuk hozzá a sót és a vizet úgy, hogy körülbelül 3 cm-rel a rizs felett legyen. Forraljuk fel, fedjük le szorosan záródó fedéllel, mérsékeljük a lángot, és pároljuk 30 percig, ügyelve arra, hogy ne forrjon szárazon.

Rizs marhahússal

4 fő részére

225 g / 8 uncia / 1 csésze hosszú szemű rizs
100 g darált marhahús (darált)
1 szelet gyömbérgyökér, apróra vágva
15 ml / 1 evőkanál szójaszósz
15 ml / 1 evőkanál rizsbor vagy száraz sherry
5 ml / 1 teáskanál mogyoróolaj
2,5 ml / ½ teáskanál cukor
2,5 ml / ½ teáskanál só

Tegye a rizst egy nagy serpenyőbe, és forralja fel. Fedjük le és pároljuk körülbelül 10 percig, amíg a folyadék nagy része felszívódik. A többi hozzávalót összekeverjük, a rizs tetejére tesszük, lefedjük, és alacsony lángon további 20 percig főzzük, amíg megpuhul. Tálalás előtt keverjük össze a hozzávalókat.

Rizs csirkemájjal

4 fő részére

225 g / 8 uncia / 1 csésze hosszú szemű rizs

375 ml / 13 fl oz / 1½ csésze csirkeleves

só

2 főtt csirkemáj vékonyra szeletelve

Tegye a rizst és a húslevest egy nagy serpenyőbe, és forralja fel. Fedjük le és pároljuk körülbelül 10 percig, amíg a rizs majdnem megpuhul. Vegyük le a fedőt, és forraljuk tovább, amíg a húsleves nagy része fel nem szívódik. Ízlés szerint sózzuk, hozzáadjuk a csirkemájat, és tálalás előtt óvatosan felmelegítjük.

Rizs csirkével és gombával

4 fő részére

225 g / 8 uncia / 1 csésze hosszú szemű rizs

100 g/4 uncia csirkehús, aprítva

100 g gomba kockára vágva

5 ml / 1 teáskanál kukoricaliszt (kukoricakeményítő)

5 ml / 1 teáskanál szójaszósz

5 ml / 1 teáskanál rizsbor vagy száraz sherry

csipet só

15 ml / 1 evőkanál apróra vágott újhagyma (mogyoróhagyma)

15 ml / 1 evőkanál osztrigaszósz

Tegye a rizst egy nagy serpenyőbe, és forralja fel. Fedjük le és pároljuk körülbelül 10 percig, amíg a folyadék nagy része felszívódik. Keverje össze az összes többi hozzávalót, kivéve a mogyoróhagyma és az osztrigaszósz, helyezze a rizs tetejére, fedje le, és főzze további 20 percig alacsony lángon, amíg meg nem fő. A hozzávalókat összekeverjük, és tálalás előtt meglocsoljuk mogyoróhagymával és osztrigaszósszal.

Kókuszos rizs

4 fő részére

225 g / 8 uncia / 1 csésze thai ízű rizs

1 l / 1¾ pt / 4¼ csésze kókusztej

150 ml / ¼ pt / bőséges ½ csésze kókuszkrém

1 szál apróra vágott koriander

csipet só

Forraljuk fel az összes hozzávalót egy serpenyőben, fedjük le, és hagyjuk a rizst lassú tűzön megduzzadni körülbelül 25 percig, időnként megkeverve.

Rizs rákhússal

4 fő részére

225 g / 8 uncia / 1 csésze hosszú szemű rizs
100 g rákhús, pelyhesítve
2 szelet gyömbérgyökér, apróra vágva
15 ml / 1 evőkanál szójaszósz
15 ml / 1 evőkanál rizsbor vagy száraz sherry
5 ml / 1 teáskanál mogyoróolaj
5 ml / 1 teáskanál kukoricaliszt (kukoricakeményítő)
sót és frissen őrölt borsot

Tegye a rizst egy nagy serpenyőbe, és forralja fel. Fedjük le és pároljuk körülbelül 10 percig, amíg a folyadék nagy része felszívódik. A többi hozzávalót összekeverjük, a rizs tetejére tesszük, lefedjük, és alacsony lángon további 20 percig főzzük, amíg megpuhul. Tálalás előtt keverjük össze a hozzávalókat.

Rizs borsóval

4 fő részére

225 g / 8 uncia / 1 csésze hosszú szemű rizs

350g/12oz borsó

30 ml / 2 evőkanál szójaszósz

Tegye a rizst és a húslevest egy nagy serpenyőbe, és forralja fel. Adjuk hozzá a borsót, fedjük le és pároljuk körülbelül 20 percig, amíg a rizs majdnem megpuhul. Vegyük le a fedőt, és forraljuk tovább, amíg a folyadék nagy része fel nem szívódik. Letakarva 5 percig pihentetjük a tűzről, majd szójaszósszal meglocsolva tálaljuk.

Rizs borssal

4 fő részére

225 g / 8 uncia / 1 csésze hosszú szemű rizs

2 mogyoróhagyma (mogyoróhagyma), apróra vágva

1 pirospaprika kockákra vágva
45 ml / 3 evőkanál szójaszósz
30 ml / 2 evőkanál mogyoróolaj
5 ml / 1 teáskanál cukor

Tegye a rizst egy serpenyőbe, öntse fel hideg vízzel, forralja fel, fedje le, és párolja körülbelül 20 percig, amíg megpuhul. Jól leszűrjük, majd hozzáadjuk a mogyoróhagymát, a borsot, a szójaszószt, az olajat és a cukrot. Tegyük át egy meleg tálba, és azonnal tálaljuk.

Rizs buggyantott tojással

4 fő részére

225 g / 8 uncia / 1 csésze hosszú szemű rizs
4 tojás

15 ml / 1 evőkanál osztrigaszósz

Tegye a rizst egy serpenyőbe, öntse fel hideg vízzel, forralja fel, fedje le és párolja körülbelül 10 percig, amíg megpuhul. Lecsöpögtetjük, és meleg tálra tesszük. Közben forraljunk fel egy fazék vizet, óvatosan törjük fel a tojásokat, és főzzük néhány percig, amíg a fehérje megszilárdul, de a tojás még nedves lesz. Szűrőkanállal kivesszük a serpenyőből, és a rizs tetejére helyezzük. Osztrigaszósszal meglocsolva tálaljuk.

Szingapúri stílusú rizs

4 fő részére

225 g / 8 uncia / 1 csésze hosszú szemű rizs
5 ml / 1 teáskanál só
1,2 l / 2 pont / 5 csésze víz

A rizst megmossuk, majd sóval és vízzel egy lábasba tesszük. Forraljuk fel, majd mérsékeljük a hőt, és főzzük körülbelül 15 percig, amíg a rizs megpuhul. Egy szűrőedényben szűrjük le, és tálalás előtt öblítsük le forró vízzel.

Slow Boat Rice

4 fő részére

225 g / 8 uncia / 1 csésze hosszú szemű rizs

5 ml / 1 teáskanál só

15 ml / 1 evőkanál olaj

750 ml / 1 ¼ pt / 3 csésze víz

A rizst megmossuk, és sóval, olajjal és vízzel tűzálló edénybe tesszük. Fedjük le és süssük előmelegített sütőben 120°C/250°F/gáznyom ½-on körülbelül 1 órán keresztül, amíg az összes vizet fel nem szívja.

Párolt sült rizs

4 fő részére

225 g / 8 uncia / 1 csésze hosszú szemű rizs

5 ml / 1 teáskanál só

450 ml / ¾ pt / 2 csésze víz

Helyezze a rizst, a sót és a vizet egy serpenyőbe, fedje le, és előmelegített sütőben 180°C/350°F/gázjel 4 kb. 30 percig süsse.

Sült rizs

4 fő részére

225 g / 8 uncia / 1 csésze hosszú szemű rizs

750 ml / 1¼ pt / 3 csésze víz

30 ml / 2 evőkanál mogyoróolaj

1 felvert tojás

2 gerezd fokhagyma, zúzott

csipet só

1 hagyma apróra vágva

3 mogyoróhagyma (mogyoróhagyma), apróra vágva

2,5 ml / ½ teáskanál fekete melasz

Tegye a rizst és a vizet egy serpenyőbe, forralja fel, fedje le és párolja körülbelül 20 percig, amíg a rizs meg nem fő. Jól lecsepegtetjük. Melegíts fel 5 ml/1 teáskanál olajat, és öntsd bele a tojást. Addig főzzük, amíg meg nem áll az alapon, majd megfordítjuk és tovább főzzük, amíg meg nem áll. Kivesszük a tepsiből és csíkokra vágjuk. A maradék olajat a fokhagymával és a sóval a serpenyőbe öntjük, és addig pirítjuk, amíg a fokhagyma aranybarna nem lesz. Adjuk hozzá a hagymát és a rizst, és pároljuk 2 percig. Adjuk hozzá a mogyoróhagymát, és pároljuk 2 percig. Addig keverjük hozzá a fekete melaszt, amíg a rizs be nem vonódik, majd adjuk hozzá a tojáscsíkokat és tálaljuk.

Sült rizs mandulával

4 fő részére

250 ml / 8 fl oz / 1 csésze földimogyoró-olaj

50 g / 2 uncia / ½ csésze pehely mandula

4 felvert tojás

450 g / 1 font / 3 csésze főtt hosszú szemű rizs

5 ml / 1 teáskanál só

3 szelet főtt sonka csíkokra vágva

2 medvehagyma, finomra vágva

15 ml / 1 evőkanál szójaszósz

Az olajat felforrósítjuk és a mandulát aranysárgára sütjük. Kivesszük a tepsiből, és konyhai papíron lecsepegtetjük. Öntsük ki az olaj nagy részét a serpenyőből, majd melegítsük fel, és folyamatos keverés mellett öntsük bele a tojásokat. Adjuk hozzá a rizst és a sót, és főzzük 5 percig, közben emeljük fel és gyorsan keverjük, hogy a rizsszemeket bevonja a tojás. Adjuk hozzá a sonkát, a medvehagymát és a szójaszószt, és főzzük még 2 percig. Hozzákeverjük a mandula nagy részét, és a maradék mandulával díszítve tálaljuk.

Sült rizs szalonnával és tojással

4 fő részére

45 ml / 3 evőkanál földimogyoró (mogyoró) olaj

225 g/8 uncia bacon, apróra vágva

1 hagyma apróra vágva

3 felvert tojás

225 g/8 uncia főtt hosszú szemű rizs

Az olajat felforrósítjuk, és a szalonnát és a hagymát enyhén aranysárgára sütjük. Hozzáadjuk a tojást, és majdnem készre sütjük. Adjuk hozzá a rizst, és addig pároljuk, amíg a rizs át nem melegszik.

Sült rizs hússal

4 fő részére

225g/8oz sovány marhahús, csíkokra vágva

15 ml / 1 evőkanál kukoricaliszt (kukoricakeményítő)

15 ml / 1 evőkanál szójaszósz

15 ml / 1 evőkanál rizsbor vagy száraz sherry

5 ml / 1 teáskanál cukor

75 ml / 5 evőkanál földimogyoró (mogyoró) olaj

1 apróra vágott hagyma

450 g / 1 font / 3 csésze főtt hosszú szemű rizs

45 ml / 3 evőkanál csirkehúsleves

Keverjük össze a húst a kukoricakeményítővel, szójaszósszal, borral vagy sherryvel és cukorral. Az olaj felét felforrósítjuk és a hagymát átlátszóra pirítjuk. Hozzáadjuk a húst és 2 percig pirítjuk. Vegye ki a serpenyőből. A maradék olajat felhevítjük, hozzáadjuk a rizst és 2 percig pirítjuk. Adjuk hozzá a levest és melegítsük fel. Adjuk hozzá a hús-hagymás keverék felét, keverjük forrón, majd tegyük egy meleg tálra, és tegyük rá a maradék húst és hagymát.

Sült rizs darált hússal

4 fő részére

30 ml / 2 evőkanál mogyoróolaj

1 gerezd zúzott fokhagyma

csipet só

30 ml / 2 evőkanál szójaszósz

30 ml / 2 evőkanál hoisin szósz

450 g / 1 font darált hús (darált)
1 hagyma kockákra vágva
1 sárgarépa kockákra vágva
1 póréhagyma kockákra vágva
450 g/1 font főtt hosszú szemű rizs

Az olajat felforrósítjuk, és a fokhagymát és a sót enyhén aranybarnára pároljuk. Adjuk hozzá a szójaszószt és a hoisin szószt, és addig keverjük, amíg át nem melegszik. Hozzáadjuk a húst, és barnára és omlósra sütjük. Hozzáadjuk a zöldségeket, és gyakori kevergetés mellett puhára sütjük. Hozzáadjuk a rizst, és folyamatos kevergetés mellett addig sütjük, amíg át nem melegszik és be nem vonják a szószokkal.

Sült rizs hússal és hagymával

4 fő részére
450 g/1 font sovány marhahús, vékonyra szeletelve
45 ml / 3 evőkanál szójaszósz
15 ml / 1 evőkanál rizsbor vagy száraz sherry
sót és frissen őrölt borsot
15 ml / 1 evőkanál kukoricaliszt (kukoricakeményítő)

45 ml / 3 evőkanál földimogyoró (mogyoró) olaj
1 apróra vágott hagyma
225 g/8 uncia főtt hosszú szemű rizs

Pácold be a húst szójaszószban, borban vagy sherryben, sóval, borssal és kukoricalisztben 15 percig. Az olajat felforrósítjuk és a hagymát enyhén aranybarnára pirítjuk. Hozzáadjuk a húst és a pácot, és 3 percig pirítjuk. Adjuk hozzá a rizst és pároljuk, amíg át nem melegszik.

Csirke sült rizs

4 fő részére

225 g / 8 uncia / 1 csésze hosszú szemű rizs
750 ml / 1¼ pt / 3 csésze víz
30 ml / 2 evőkanál mogyoróolaj
2 gerezd fokhagyma, zúzott
csipet só

1 hagyma apróra vágva

3 mogyoróhagyma (mogyoróhagyma), apróra vágva

100 g főtt csirke, aprítva

15 ml / 1 evőkanál szójaszósz

Tegye a rizst és a vizet egy serpenyőbe, forralja fel, fedje le és párolja körülbelül 20 percig, amíg a rizs meg nem fő. Jól lecsepegtetjük. Az olajat felforrósítjuk, és a fokhagymát és a sót addig pároljuk, amíg a fokhagyma enyhén aranybarna nem lesz. Adjuk hozzá a hagymát és dinszteljük 1 percig. Adjuk hozzá a rizst és pároljuk 2 percig. Adjuk hozzá a mogyoróhagymát és a csirkét, és pirítsuk 2 percig. Add hozzá a szójaszószt, amíg a rizs el nem fedi.

Kacsa sült rizs

4 fő részére

4 szárított kínai gomba

45 ml / 3 evőkanál földimogyoró (mogyoró) olaj

2 mogyoróhagyma (hagyma), szeletelve

225g/8oz bok choy, reszelve

100 g/4 uncia főtt kacsa, aprítva

45 ml / 3 evőkanál szójaszósz

15 ml / 1 evőkanál rizsbor vagy száraz sherry

350 g/12 uncia főtt hosszú szemű rizs

45 ml / 3 evőkanál csirkehúsleves

A gombát 30 percre meleg vízbe áztatjuk, majd leszűrjük. Dobja el a szárakat, és vágja le a tetejét. Az olaj felét felforrósítjuk és az újhagymát áttetszőre pirítjuk. Adjuk hozzá a bok choy-t és pirítsuk 1 percig. Hozzáadjuk a kacsát, a szójaszószt és a bort vagy a sherryt, és 3 percig pirítjuk. Vegye ki a serpenyőből. A maradék olajat felforrósítjuk, és addig sütjük a rizst, amíg az olajba nem vonódik. Hozzáadjuk a levest, felforraljuk és 2 percig pirítjuk. Tegye vissza a kacsakeveréket a serpenyőbe, és tálalás előtt addig keverje, amíg át nem melegszik.

Sonkában sült rizs

4 fő részére

30 ml / 2 evőkanál mogyoróolaj

1 felvert tojás

1 gerezd zúzott fokhagyma

350 g/12 uncia főtt hosszú szemű rizs

1 hagyma apróra vágva

1 apróra vágott zöldpaprika

100 g/4 uncia apróra vágott sonka

50g/2oz vízgesztenye, szeletelve

50 g/2 uncia bambuszrügy, apróra vágva

15 ml / 1 evőkanál szójaszósz

15 ml / 1 evőkanál rizsbor vagy száraz sherry

15 ml / 1 evőkanál osztrigaszósz

Egy serpenyőben kevés olajat hevítünk, és beletesszük a tojást úgy, hogy a serpenyőt megdöntjük, hogy szétterüljön a serpenyőben. Addig süsd, amíg az alja enyhén megpirul, majd fordítsd meg és süsd meg a másik oldalát is. Kivesszük a serpenyőből, felaprítjuk és enyhén aranybarnára pároljuk a fokhagymát. Adjuk hozzá a rizst, a hagymát és a borsot, és pirítsuk 3 percig. Hozzáadjuk a sonkát, a vizes gesztenyét és a bambuszrügyet, és 5 percig pirítjuk. Hozzáadjuk a többi hozzávalót, és körülbelül 4 percig pirítjuk. A tojáscsíkokkal megszórva tálaljuk.

Rizs füstölt sonkával húslevessel

4 fő részére

30 ml / 2 evőkanál mogyoróolaj

3 felvert tojás

350 g/12 uncia főtt hosszú szemű rizs

600 ml / 1 pt / 2½ csésze csirkeleves
100g/4oz füstölt sonka, aprítva
100 g/4 uncia bambuszrügy, szeletelve

Az olajat felforrósítjuk, majd beleöntjük a tojásokat. Amikor kezdenek dermedni, hozzáadjuk a rizst és 2 percig pirítjuk. Adjuk hozzá a húslevest és a sonkát, és forraljuk fel. 2 percig pároljuk, majd hozzáadjuk a bambuszrügyet és tálaljuk.

Sertés sült rizs

4 fő részére

45 ml / 3 evőkanál földimogyoró (mogyoró) olaj
3 mogyoróhagyma (mogyoróhagyma), apróra vágva
100 g/4 uncia sertéssült, kockára vágva
350 g/12 uncia főtt hosszú szemű rizs
30 ml / 2 evőkanál szójaszósz
2,5 ml / ½ teáskanál só

2 felvert tojás

Az olajat felforrósítjuk és a metélőhagymát átlátszóvá sütjük. Hozzáadjuk a sertéshúst, és addig keverjük, amíg az olajos el nem vonja. Adjuk hozzá a rizst, a szójaszószt és a sót, és pirítsuk 3 percig. Adjuk hozzá a tojásokat, és addig verjük, amíg el nem kezdenek dermedni.

Sertés és garnéla sült rizs

4 fő részére

45 ml / 3 evőkanál földimogyoró (mogyoró) olaj

2,5 ml / ½ teáskanál só

2 mogyoróhagyma (mogyoróhagyma), apróra vágva

350 g/12 uncia főtt hosszú szemű rizs

100 g/4 uncia sertéssült

225g/8oz hámozott garnélarák

50g/2oz kínai levél, reszelve

45 ml / 3 evőkanál szójaszósz

Az olajat felforrósítjuk, és a sót és az újhagymát enyhén aranysárgára pirítjuk. Adjuk hozzá a rizst, és pirítsuk meg, hogy a szemek széttörjenek. Adjuk hozzá a sertéshúst és pároljuk 2 percig. Adjuk hozzá a garnélarákot, a kínai leveleket és a szójaszószt, és kevergetve pirítsuk, amíg át nem melegszik.

Rántott rizs garnélarákkal

4 fő részére

225 g / 8 uncia / 1 csésze hosszú szemű rizs

750 ml / 1¼ pt / 3 csésze víz

30 ml / 2 evőkanál mogyoróolaj

2 gerezd fokhagyma, zúzott

csipet só

1 hagyma apróra vágva

225g/8oz hámozott garnélarák

5 ml / 1 teáskanál szójaszósz

Tegye a rizst és a vizet egy serpenyőbe, forralja fel, fedje le és párolja körülbelül 20 percig, amíg a rizs meg nem fő. Jól lecsepegtetjük. Az olajat a fokhagymával és a sóval felforrósítjuk, és addig pirítjuk, amíg a fokhagyma enyhén aranybarna nem lesz. Adjuk hozzá a rizst és a hagymát, és pároljuk 2 percig. Hozzáadjuk a garnélarákot és 2 percig pirítjuk. Tálalás előtt adjunk hozzá szójaszószt.

Sült rizs és borsó

4 fő részére

30 ml / 2 evőkanál mogyoróolaj

2 gerezd fokhagyma, zúzott

5 ml / 1 teáskanál só

350 g/12 uncia főtt hosszú szemű rizs

225 g/8 uncia blansírozott vagy fagyasztott borsó, felengedve

4 mogyoróhagyma (mogyoróhagyma), apróra vágva

30 ml / 2 evőkanál finomra vágott friss petrezselyem

Az olajat felforrósítjuk, és a fokhagymát és a sót enyhén aranybarnára pároljuk. Adjuk hozzá a rizst és pároljuk 2 percig. Adjuk hozzá a borsót, a hagymát és a petrezselymet, és pároljuk néhány percig, amíg át nem melegszik. Melegen vagy hidegen tálaljuk.

Sült rizs lazaccal

4 fő részére

30 ml / 2 evőkanál mogyoróolaj
2 gerezd fokhagyma, felaprítva
2 mogyoróhagyma (hagyma), szeletelve
50 g/2 uncia darált lazac
75 g/3 uncia apróra vágott spenót
150 g/5 uncia főtt hosszú szemű rizs

Az olajat felforrósítjuk, és a fokhagymát és a metélőhagymát 30 másodpercig megpirítjuk. Adjuk hozzá a lazacot és pirítsuk 1 percig. Adjuk hozzá a spenótot és pirítsuk 1 percig. Adjuk hozzá a rizst, és addig pároljuk, amíg át nem melegszik és jól elkeveredett.

Különleges sült rizs

4 fő részére

60 ml / 4 evőkanál mogyoróolaj

1 hagyma apróra vágva

100 g/4 uncia bacon, apróra vágva

50 g/2 uncia apróra vágott sonka

50g/2oz főtt csirke, aprítva

50 g/2 uncia hámozott garnélarák

60 ml / 4 evőkanál szójaszósz

30 ml / 2 evőkanál rizsbor vagy száraz sherry

sót és frissen őrölt borsot

15 ml / 1 evőkanál kukoricaliszt (kukoricakeményítő)

225 g/8 uncia főtt hosszú szemű rizs

2 felvert tojás

100 g gomba szeletelve

50g/2oz fagyasztott borsó

Az olajat felforrósítjuk, és a hagymát és a szalonnát enyhén aranysárgára sütjük. Adjuk hozzá a sonkát és a csirkét, és pirítsuk 2 percig. Adjuk hozzá a garnélarákot, szójaszószt, bort vagy sherryt, sót, borsot és kukoricakeményítőt, és pároljuk 2 percig. Adjuk hozzá a rizst és pároljuk 2 percig. Hozzáadjuk a tojást, a gombát és a borsót, és 2 perc alatt forróra pirítjuk.

Tíz drága rizs

6-8-ig szolgál

45 ml / 3 evőkanál földimogyoró (mogyoró) olaj

1 újhagyma (hagyma), apróra vágva

100 g/4 uncia sovány sertéshús, aprítva

1 csirkemell, felaprítva

100 g/4 uncia sonka, aprítva

30 ml / 2 evőkanál szójaszósz

30 ml / 2 evőkanál rizsbor vagy száraz sherry

5 ml / 1 teáskanál só

350 g/12 uncia főtt hosszú szemű rizs

250 ml / 8 fl oz / 1 csésze csirkeleves

100 g/4 uncia bambuszrügy, csíkokra vágva

50g/2oz vízgesztenye, szeletelve

Az olajat felhevítjük és az újhagymát átlátszóra pirítjuk. Adjuk hozzá a sertéshúst és pároljuk 2 percig. Adjuk hozzá a csirkét és a sonkát, és pirítsuk 2 percig. Adjuk hozzá a szójaszószt, a sherryt és a sót. Adjuk hozzá a rizst és a húslevest, majd forraljuk fel. Adjuk hozzá a bambuszrügyet és a vízgesztenyét, fedjük le, és pároljuk 30 percig.

Sült tonhal rizs

4 fő részére

30 ml / 2 evőkanál mogyoróolaj

2 hagyma felszeletelve

1 apróra vágott zöldpaprika

450 g / 1 font / 3 csésze főtt hosszú szemű rizs

só

3 felvert tojás

300 g/12 uncia tonhalkonzerv, pelyhesítve

30 ml / 2 evőkanál szójaszósz

2 medvehagyma, finomra vágva

Az olajat felforrósítjuk és a hagymát puhára pirítjuk. Adjuk hozzá a borsot és pirítsuk 1 percig. Nyomja a serpenyő egyik oldalára. Hozzáadjuk a rizst, megszórjuk sóval és 2 percig pirítjuk, fokozatosan hozzákeverve a borsot és a hagymát. A rizs közepébe mélyedést készítünk, felöntjük még egy kis olajjal, és beleöntjük a tojásokat. Keverjük addig, amíg majdnem el nem keveredik, és keverjük a rizshez. Főzzük még 3 percig. Adjuk hozzá a tonhalat és a szójaszószt, majd melegítsük át. Az apróra vágott medvehagymával megszórva tálaljuk.

Főtt tojásos tészta

4 fő részére

10 ml / 2 teáskanál só
450 g/1 font tojásos tészta
30 ml / 2 evőkanál mogyoróolaj

Forraljunk fel egy fazék vizet, adjuk hozzá a sót és adjuk hozzá a tésztát. Forraljuk vissza, és forraljuk körülbelül 10 percig, amíg puha, de még szilárd lesz. Jól csepegtessük le, öblítsük le hideg vízzel, csepegtessük le, majd öblítsük le forró vízzel. Tálalás előtt meglocsoljuk olajjal.

Párolt tojásos tészta

4 fő részére

10 ml / 2 teáskanál só

450 g/1 font finom tojásos tészta

Forraljunk fel egy fazék vizet, adjuk hozzá a sót és adjuk hozzá a tésztát. Jól elkeverjük, majd leszűrjük. Tegye a tésztát egy szűrőedénybe, tegye egy gőzölőbe, és gőzölje forrásban lévő víz felett körülbelül 20 percig, amíg megpuhul.

Pirított tészta

8 adagra

10 ml / 2 teáskanál só

450 g/1 font tojásos tészta

30 ml / 2 evőkanál mogyoróolaj

rántható étel

Forraljunk fel egy fazék vizet, adjuk hozzá a sót és adjuk hozzá a tésztát. Forraljuk vissza, és forraljuk körülbelül 10 percig, amíg puha, de még szilárd lesz. Jól csepegtessük le, öblítsük le hideg vízzel, csepegtessük le, majd öblítsük le forró vízzel. Dobd fel az olajjal, majd óvatosan forgasd hozzá bármilyen keverős keverékhez, és óvatosan melegítsd, hogy az ízek összeérjenek.

Sült tészta

4 fő részére

225 g/8 uncia vékony tojásos tészta

só

olaj a sütéshez

A tésztát forrásban lévő sós vízben főzzük ki a csomagoláson található utasítások szerint. Jól lecsepegtetjük. Helyezzen több réteg konyhai papírt egy tepsire, terítse szét a tésztát, és hagyja száradni néhány órán keresztül. Forrósítsuk fel az olajat, és süssük a tészta kanalakat egyenként körülbelül 30 másodpercig, amíg aranybarna nem lesz. Papírtörlőn lecsepegtetjük.

Sült puha tészta

4 fő részére

350 g/12 uncia tojásos tészta

75 ml / 5 evőkanál földimogyoró (mogyoró) olaj

só

Egy fazék vizet felforralunk, hozzáadjuk a tésztát, és addig főzzük, amíg a tészta megpuhul. Lecsepegtetjük és hideg vízzel, majd forró vízzel leöblítjük, majd ismét lecsepegtetjük. Adjunk hozzá 15 ml/1 evőkanál olajat, majd hagyjuk kihűlni, és hűtsük le a hűtőszekrényben. A maradék olajat szinte füstölésig melegítjük. Adjuk hozzá a tésztát, és óvatosan keverjük össze, amíg az olajos bevonat nem lesz. Csökkentse a lángot, és keverje tovább néhány percig, amíg a tészta kívül aranybarna, de belül puha nem lesz.

Párolt tészta

4 fő részére

450 g/1 font tojásos tészta
5 ml / 1 teáskanál só
30 ml / 2 evőkanál mogyoróolaj
3 mogyoróhagyma (hagyma), csíkokra vágva
1 gerezd zúzott fokhagyma
2 szelet gyömbérgyökér, apróra vágva
100 g/4 uncia sovány sertéshús, csíkokra vágva
100 g/4 uncia sonka, csíkokra vágva
100 g/4 uncia hámozott garnélarák
450 ml / ¬œ pt / 2 csésze csirkeleves
30 ml / 2 evőkanál szójaszósz

Forraljunk fel egy fazék vizet, adjuk hozzá a sót és adjuk hozzá a tésztát. Forraljuk fel és forraljuk körülbelül 5 percig, majd csepegtessük le és öblítsük le hideg vízzel.

Közben felforrósítjuk az olajat, és enyhén aranyszínűre pároljuk a hagymát, a fokhagymát és a gyömbért. Hozzáadjuk a sertéshúst, és világos színűre sütjük. Adjuk hozzá a sonkát és a garnélarákot, majd adjuk hozzá a húslevest, a szójaszószt és a tésztát. Forraljuk fel, fedjük le és pároljuk 10 percig.

hideg tészta

4 fő részére

450 g/1 font tojásos tészta

5 ml / 1 teáskanál só

15 ml / 1 evőkanál mogyoróolaj

225g/8oz babcsíra

225g/8oz sertéssült, húzott

1 uborka csíkokra vágva

12 retek csíkokra vágva

Forraljunk fel egy fazék vizet, adjuk hozzá a sót és adjuk hozzá a tésztát. Forraljuk vissza, és forraljuk körülbelül 10 percig, amíg puha, de még szilárd lesz. Jól csepegtessük le, öblítsük le hideg vízzel, majd ismét csepegtessük le. Meglocsoljuk az olajjal, majd egy tálra tesszük. A többi hozzávalót kis tányérokba helyezzük a tészták köré. A vendégek válogatott hozzávalókat szolgálnak fel kis tálkákban.

Tészta kosarak

4 fő részére

225 g/8 uncia vékony tojásos tészta

só

olaj a sütéshez

A tésztát forrásban lévő sós vízben főzzük ki a csomagoláson található utasítások szerint. Jól lecsepegtetjük. Helyezzen több réteg konyhai papírt egy tepsire, terítse szét a tésztát, és hagyja száradni néhány órán keresztül. Egy közepes szűrőedény belsejét megkenjük kevés olajjal. Terítsen egyenletesen, körülbelül 1 cm/¬Ω vastagságú tésztát a szűrőedénybe. Egy kisebb szűrőedény külsejét kenjük meg olajjal, és nyomjuk bele a nagyobbikba. Az olajat felforrósítjuk, a két szűrőt beletesszük az olajba, és körülbelül 1 percig sütjük, amíg a tészta aranybarna nem lesz. Óvatosan távolítsa el a szűrőket, és ha szükséges, futtasson egy késsel a tészta szélein, hogy lazítsa meg őket.

Metélt palacsinta

4 fő részére

225 g/8 uncia tojásos tészta

5 ml / 1 teáskanál só

75 ml / 5 evőkanál földimogyoró (mogyoró) olaj

Forraljunk fel egy fazék vizet, adjuk hozzá a sót és adjuk hozzá a tésztát. Forraljuk vissza, és forraljuk körülbelül 10 percig, amíg puha, de még szilárd lesz. Jól csepegtessük le, öblítsük le hideg vízzel, csepegtessük le, majd öblítsük le forró vízzel. Keverjük össze 15 ml/1 evőkanál olajjal. A maradék olajat felmelegítjük. Adjuk hozzá a tésztát a serpenyőbe, hogy vastag palacsintát kapjunk. Addig sütjük, amíg az alja enyhén megpirul, majd megfordítjuk, és addig sütjük, amíg enyhén barnára, de a közepén puha nem lesz.

Párolt tészta

4 fő részére

4 szárított kínai gomba
450 g/1 font tojásos tészta
30 ml / 2 evőkanál mogyoróolaj
5 ml / 1 teáskanál só
3 mogyoróhagyma (mogyoróhagyma), apróra vágva
100 g/4 uncia sovány sertéshús, csíkokra vágva
100 g/4 uncia karfiol virágok
15 ml / 1 evőkanál kukoricaliszt (kukoricakeményítő)
250 ml / 8 fl oz / 1 csésze csirkeleves
15 ml / 1 evőkanál szezámolaj

A gombát 30 percre meleg vízbe áztatjuk, majd leszűrjük. Dobja el a szárakat, és vágja le a tetejét. Forraljunk fel egy fazék vizet, adjuk hozzá a tésztát, forraljuk 5 percig, majd leszűrjük. Melegítsük fel az olajat, és pirítsuk meg a sót és a metélőhagymát 30 másodpercig. Hozzáadjuk a sertéshúst, és világos színűre sütjük. Adjuk hozzá a karfiolt és a gombát, és pirítsuk 3 percig. Keverjük össze a kukoricalisztet és a húslevest, keverjük bele a serpenyőbe, forraljuk fel, fedjük le és pároljuk 10 percig, időnként megkeverve. Egy külön serpenyőben felforrósítjuk a szezámolajat, hozzáadjuk a tésztát, és közepes lángon enyhén pirulásig keverjük. Tegyük egy meleg tálra, öntsük rá a sertéshús keveréket és tálaljuk.

Tészta hússal

4 fő részére

350 g/12 uncia tojásos tészta

45 ml / 3 evőkanál földimogyoró (mogyoró) olaj

450 g / 1 font darált hús (darált)

sót és frissen őrölt borsot

1 gerezd zúzott fokhagyma

1 hagyma apróra vágva

250 ml / 8 fl oz / 1 csésze marhahúsleves

100 g gomba szeletelve

2 szár zeller, apróra vágva

1 apróra vágott zöldpaprika

30 ml / 2 evőkanál kukoricaliszt (kukoricakeményítő)

60 ml / 4 evőkanál víz

15 ml / 1 evőkanál szójaszósz

Főzzük a tésztát forrásban lévő vízben körülbelül 8 percig, amíg megpuhulnak, majd leszűrjük. Közben felforrósítjuk az olajat, és a húst, sózzuk, borsozzuk, a fokhagymát és a hagymát enyhén megpirítjuk. Adjuk hozzá a húslevest, a gombát, a zellert és a borsot, forraljuk fel, fedjük le és pároljuk 5 percig. A kukoricalisztet, a vizet és a szójaszószt pépesre keverjük, belekeverjük a serpenyőbe, és lassú tűzön kevergetve addig főzzük, amíg a szósz besűrűsödik. Helyezze a tésztát egy meleg tálra, és öntse rá a húst és a szószt.

Tészta csirkével

4 fő részére

350 g/12 uncia tojásos tészta

100g/4oz babcsíra

45 ml / 3 evőkanál földimogyoró (mogyoró) olaj

2,5 ml / ¬Ω teáskanál só

2 gerezd fokhagyma, felaprítva

2 mogyoróhagyma (mogyoróhagyma), apróra vágva

100 g főtt csirke kockára vágva

5 ml / 1 teáskanál szezámolaj

Egy fazék vizet felforralunk, hozzáadjuk a tésztát és puhára főzzük. A babcsírát forrásban lévő vízben 3 percig blansírozzuk, majd leszűrjük. Az olajat felforrósítjuk, és a sót, a fokhagymát és a metélőhagymát megpároljuk, amíg megpuhul. Hozzáadjuk a csirkét, és addig pároljuk, amíg át nem melegszik. Hozzáadjuk a babcsírát és felforrósítjuk. A tésztát jól lecsepegtetjük, hideg vízzel, majd forró vízzel leöblítjük. Keverjük össze szezámolajjal, és tegyük meleg tálra. A tetejére csirke keveréket és tálaljuk.

Tészta rákhússal

4 fő részére

350 g/12 uncia tojásos tészta
45 ml / 3 evőkanál földimogyoró (mogyoró) olaj
3 mogyoróhagyma (mogyoróhagyma), apróra vágva
2 szelet gyömbérgyökér, csíkokra vágva
350 g/12 uncia rákhús, pelyhesítve
5 ml / 1 teáskanál só
15 ml / 1 evőkanál rizsbor vagy száraz sherry
15 ml / 1 evőkanál kukoricaliszt (kukoricakeményítő)
30 ml / 2 evőkanál víz
30 ml / 2 evőkanál borecet

Forraljunk fel egy fazék vizet, adjuk hozzá a tésztát, és forraljuk 10 percig, amíg megpuhul. Közben felforrósítunk 30 ml/2 evőkanál olajat, és enyhén aranysárgára sütjük a mogyoróhagymát és a gyömbért. Adjuk hozzá a rákhúst és a sót, pirítsuk 2 percig. Hozzáadjuk a bort vagy a sherryt, és 1 percig pirítjuk. A kukoricalisztet és a vizet pépesre keverjük, beleforgatjuk a serpenyőbe, és lassú tűzön kevergetve addig főzzük, amíg besűrűsödik. A tésztát lecsepegtetjük, majd hideg, majd forró vízzel leöblítjük. Hozzáadjuk a maradék olajat, és meleg tálra tesszük. A tetejére rákhús keveréket teszünk, és borecettel meglocsolva tálaljuk.

Tészta curry szószban

4 fő részére

450 g/1 font tojásos tészta

5 ml / 1 teáskanál só

30 ml / 2 evőkanál curry por

1 hagyma szeletelve

75 ml / 5 evőkanál csirkehúsleves

100 g/4 uncia sertéssült, húzott

120 ml / 4 fl oz / ¬Ω csésze paradicsomszósz (ketchup)

15 ml / 1 evőkanál hoisin szósz

sót és frissen őrölt borsot

Forraljunk fel egy fazék vizet, adjuk hozzá a sót és adjuk hozzá a tésztát. Forraljuk vissza, és forraljuk körülbelül 10 percig, amíg puha, de még szilárd lesz. Jól csepegtessük le, öblítsük le hideg vízzel, csepegtessük le, majd öblítsük le forró vízzel. Közben a curryport száraz serpenyőben 2 percig főzzük, rázzuk a serpenyőt. Adjuk hozzá a hagymát, és addig keverjük, amíg jól bevonat nem lesz. Adjuk hozzá a húslevest, majd adjuk hozzá a sertéshúst és forraljuk fel. Adjuk hozzá a paradicsomszószt, a hoisin szószt, sózzuk és borsozzuk, és lassú tűzön kevergetve főzzük, amíg át nem melegszik. A tésztát meleg tálra tesszük, leöntjük a szósszal és tálaljuk.

Dan-Dan tészta

4 fő részére
100 g/4 uncia tojásos tészta
45 ml / 3 evőkanál mustár
60 ml / 4 evőkanál szezámszósz
60 ml / 4 evőkanál mogyoróolaj
20 ml / 4 teáskanál só
4 mogyoróhagyma (mogyoróhagyma), apróra vágva
60 ml / 4 evőkanál szójaszósz
60 ml / 4 evőkanál őrölt földimogyoró
60 ml / 4 evőkanál csirkehúsleves

A tésztát forrásban lévő vízben 10 perc alatt puhára főzzük, majd jól leszűrjük. A többi hozzávalót összekeverjük, ráöntjük a tésztára, és tálalás előtt jól összekeverjük.

Tészta tojásos szósszal

4 fő részére

225 g/8 uncia tojásos tészta
750 ml / 1¬° sts / 3 csésze csirkehúsleves
45 ml / 3 evőkanál szójaszósz
45 ml / 3 evőkanál rizsbor vagy száraz sherry
15 ml / 1 evőkanál mogyoróolaj
3 mogyoróhagyma (hagyma), csíkokra vágva
3 felvert tojás

Forraljunk fel egy fazék vizet, adjuk hozzá a tésztát, forraljuk vissza, és pároljuk 10 percig, amíg megpuhul. Lecsepegtetjük, és meleg tálba tesszük. Közben forraljuk fel a húslevest a szójaszósszal és a borral vagy a sherryvel. Egy külön serpenyőben hevítsük fel az olajat, és pirítsuk meg a metélőhagymát, amíg megpuhul. Adjuk hozzá a tojásokat, majd adjuk hozzá a forró levest, és közepes lángon keverjük tovább, amíg a keverék fel nem forr. Öntsük a szószt a tésztára, és tálaljuk.

Gyömbéres és újhagymás tészta

4 fő részére

900 ml / 1¬Ω pts / 4¬° csésze csirkehúsleves

15 ml / 1 evőkanál mogyoróolaj

225 g/8 uncia tojásos tészta

2,5 ml / ¬Ω teáskanál szezámolaj

4 mogyoróhagyma (mogyoróhagyma), lereszelve

2 szelet gyömbér gyökér, lereszelve

15 ml / 1 evőkanál osztrigaszósz

Forraljuk fel a húslevest, adjuk hozzá az olajat és a tésztát, és pároljuk fedő nélkül körülbelül 15 percig, amíg megpuhul. Tegye a tésztát egy meleg tálra, és tegye a wokba a szezámolajat, a mogyoróhagymát és a gyömbért. Fedő nélkül pároljuk 5 percig, amíg a zöldségek kissé megpuhulnak, és a húsleves megpuhul. A zöldségeket kevés húslevessel a tésztára öntjük. Meglocsoljuk osztrigaszósszal és azonnal tálaljuk.

Fűszeres és savanyú tészta

4 fő részére

225 g/8 uncia tojásos tészta

15 ml / 1 evőkanál szójaszósz

15 ml / 1 evőkanál chili olaj

15 ml / 1 evőkanál vörösborecet

1 gerezd zúzott fokhagyma

2 mogyoróhagyma (mogyoróhagyma), apróra vágva

5 ml / 1 teáskanál frissen őrölt bors

Főzzük a tésztát forrásban lévő vízben körülbelül 10 percig, amíg megpuhul. Jól lecsepegtetjük, és meleg tálra tesszük. A többi hozzávalót összekeverjük, ráöntjük a tésztára, és tálalás előtt jól összekeverjük.

Tészta hússzószban

4 fő részére

4 szárított kínai gomba
30 ml / 2 evőkanál mogyoróolaj
225 g/8 uncia sovány sertéshús, szeletelve
100 g gomba szeletelve
4 mogyoróhagyma (hagyma), szeletelve
15 ml / 1 evőkanál szójaszósz
15 ml / 1 evőkanál rizsbor vagy száraz sherry
600 ml / 1 pt / 2 Ω csésze csirkehúsleves
350 g/12 uncia tojásos tészta
30 ml / 2 evőkanál kukoricaliszt (kukoricakeményítő)
2 tojás, enyhén felverve
sót és frissen őrölt borsot

A gombát 30 percre meleg vízbe áztatjuk, majd leszűrjük. Dobja el a szárakat, és vágja le a tetejét. Felforrósítjuk az olajat, és addig sütjük a sertéshúst, amíg világos színű nem lesz. Adjuk hozzá a szárított és friss gombát és a mogyoróhagymát, és pirítsuk 2 percig. Adjuk hozzá a szójaszószt, a bort vagy a sherryt és az alaplevet, forraljuk fel, fedjük le és pároljuk 30 percig.

Közben forraljunk fel egy fazék vizet, adjuk hozzá a tésztát, és forraljuk körülbelül 10 percig, amíg a tészta puha, de még szilárd lesz. Lecsepegtetjük, hideg, majd forró vízzel leöblítjük, majd ismét lecsepegtetjük, és meleg tálalótálra tesszük. Keverjük össze a kukoricalisztet kevés vízzel, keverjük bele a serpenyőbe, és lassú tűzön, kevergetve főzzük addig, amíg a szósz kitisztul és besűrűsödik. Fokozatosan adjuk hozzá a tojásokat, és ízesítsük sóval, borssal. A szószt a tésztára öntjük a tálaláshoz.

Tészta buggyantott tojással

4 fő részére

350 g/12 uncia rizstészta

4 tojás

30 ml / 2 evőkanál mogyoróolaj

1 gerezd fokhagyma, felaprítva

100 g főtt sonka, apróra vágva

45 ml / 3 evőkanál paradicsompüré (tészta)

120 ml / 4 fl oz / ¬Ω csésze víz

5 ml / 1 teáskanál cukor

5 ml / 1 teáskanál só

szója szósz

Forraljunk fel egy fazék vizet, adjuk hozzá a tésztát, és pároljuk körülbelül 8 percig, amíg meg nem fő. Lecsepegtetjük és hideg vízzel leöblítjük. Fészekben rendezzük egy felmelegített tálalótányéron. Ezalatt a tojásokat buggyantjuk, és minden fészekbe teszünk egyet. Melegítsük fel az olajat, és pirítsuk meg a fokhagymát 30 másodpercig. Hozzáadjuk a sonkát és 1 percig pirítjuk. Adjuk hozzá az összes többi hozzávalót, kivéve a szójaszószt, és pároljuk, amíg át nem melegszik. Leöntjük a tojással, meglocsoljuk szójaszósszal és egyből tálaljuk.

Tészta sertéshússal és zöldségekkel

4 fő részére

350 g/12 uncia rizstészta

75 ml / 5 evőkanál földimogyoró (mogyoró) olaj

225g/8oz sovány sertéshús, aprítva

100 g/4 uncia bambuszrügy, zúzott

100g/4oz bok choy, reszelve

450 ml / ¬œ pt / 2 csésze csirkeleves

10 ml / 2 teáskanál kukoricaliszt (kukoricakeményítő)

45 ml / 3 evőkanál víz

Körülbelül 6 percig főzzük a tésztát, amíg meg nem fő, de még szilárd, majd leszűrjük. Melegítsen fel 45 ml/3 evőkanál olajat, és süsse meg a sertéshúst 2 percig. Adjuk hozzá a bambuszrügyet és a káposztát, és kevergetve pirítsuk 1 percig. Adjuk hozzá a levest, forraljuk fel, fedjük le és pároljuk 4 percig. A kukoricalisztet és a vizet összekeverjük, belekeverjük a serpenyőbe, és lassú tűzön kevergetve addig főzzük, amíg a szósz besűrűsödik. A maradék olajat felhevítjük és a tésztát enyhén aranybarnára sütjük. Tegyük egy meleg tálra, tegyük a tetejére sertéshús keveréket és tálaljuk.

Átlátszó tészta darált sertéshússal

4 fő részére

200 g/7 uncia átlátszó tészta

olaj a sütéshez

75 ml / 5 evőkanál földimogyoró (mogyoró) olaj

225 g darált sertéshús (őrölt)

25 g/1 uncia chili paszta

2 mogyoróhagyma (mogyoróhagyma), apróra vágva

1 gerezd fokhagyma, felaprítva

1 szelet gyömbérgyökér, apróra vágva

5 ml / 1 teáskanál chili por

250 ml / 8 fl oz / 1 csésze csirkeleves

30 ml / 2 evőkanál rizsbor vagy száraz sherry

30 ml / 2 evőkanál szójaszósz

só

Az olajat felhevítjük, és addig sütjük a tésztát, amíg ki nem dagad. Vegye ki és csepegtesse le. Melegítsük fel a 75 ml / 5 evőkanál olajat, és süssük aranybarnára a sertéshúst. Hozzáadjuk a babpasztát, az újhagymát, a fokhagymát, a gyömbért és a chiliport, és 2 percig pirítjuk. A húslevest, a bort vagy a sherryt, a szójaszószt és a tésztát összekeverjük, és addig pároljuk, amíg a szósz besűrűsödik. Tálalás előtt ízlés szerint sózzuk.

tojástekercs bőr

12 ezelőtt

225 g / 8 uncia / 2 csésze sima liszt (univerzális)

1 felvert tojás

2,5 ml / ¬Ω teáskanál só

120 ml / 4 fl oz / ¬Ω csésze jeges víz

Az összes hozzávalót összekeverjük, majd simára és rugalmasra gyúrjuk. Fedjük le egy nedves ruhával, és hagyjuk hűlni 30 percig. Lisztezett felületen papírvékonyra nyújtjuk, majd négyzetekre vágjuk.

Főtt tojás tekercs bőre

12 ezelőtt

175 g / 6 uncia / 1 Ω csésze sima liszt (univerzális)

2,5 ml / ¬Ω teáskanál só

2 felvert tojás

375 ml / 13 fl oz / 1 Ω csésze víz

Keverjük össze a lisztet és a sót, majd keverjük hozzá a tojásokat. Fokozatosan adjunk hozzá vizet, hogy lágy tésztát kapjunk. Enyhén zsírozzon ki egy kis serpenyőt, majd öntsön bele 30 ml/2 evőkanál tésztát, és döntse meg a serpenyőt, hogy egyenletesen terüljön el a felületén. Amikor a tészta összehúzódik a serpenyő falaitól, vegye ki, és takarja le egy nedves ruhával, amíg a maradék héját megsüti.

Kínai palacsinta

4 fő részére

250 ml / 8 fl oz / 1 csésze víz

225 g / 8 uncia / 2 csésze sima liszt (univerzális)

mogyoróolaj a sütéshez

Forraljuk fel a vizet, majd fokozatosan adjuk hozzá a lisztet. Gyúrjuk enyhén, amíg a tészta puha nem lesz, takarjuk le egy nedves ruhával, és hagyjuk 15 percig pihenni. Lisztezett felületen kinyújtjuk és hosszú hengerré formázzuk. Vágjuk 2,5 cm-es szeletekre, majd lapítsuk el körülbelül 5 mm/¬° vastagságúra, és kenjük meg a tetejét olajjal. Párban halmozzuk össze úgy, hogy az olajozott felületek érintkezzenek, és enyhén szórjuk be a külsejét liszttel. Nyújtsa ki a párokat körülbelül 10 cm szélesre, és páronként süsse mindkét oldalát körülbelül 1 percig, amíg enyhén megpirul. Szétválasztjuk és tálalásig egymásra rakjuk.

Wonton Skins

körülbelül 40 évvel ezelőtt

450 g / 1 font / 2 csésze sima liszt (univerzális)

5 ml / 1 teáskanál só

1 felvert tojás

45 ml / 3 evőkanál víz

A lisztet és a sót átszitáljuk, majd mélyedést készítünk a közepébe. Hozzákeverjük a tojást, meglocsoljuk vízzel és sima tésztává gyúrjuk. Tedd egy tálba, fedd le nedves ruhával, és hagyd hűlni 1 órát.

A tésztát lisztezett felületen ostyavékonyra és egyneműre nyújtjuk. Vágjuk 7,5 cm-es csíkokra, szórjuk meg enyhén liszttel és halmozzuk fel, majd vágjuk négyzetekre. Fedje le nedves ruhával, amíg használatra kész.

Spárga kagylóval

4 fő részére

120 ml / 4 fl uncia / ½ csésze földimogyoró olaj
1 piros chili, csíkokra vágva
2 mogyoróhagyma (hagyma), csíkokra vágva
2 szelet gyömbér gyökér, lereszelve
225g/8oz spárga, darabokra vágva
30 ml / 2 evőkanál sűrű szójaszósz
2,5 ml / ½ teáskanál szezámolaj
225g/8oz kagyló, áztatva és dörzsölve

Az olajat felforrósítjuk, és 30 másodpercig megpirítjuk a chilit, az újhagymát és a gyömbért. Adjuk hozzá a spárgát és a szójaszószt, fedjük le és pároljuk, amíg a spárga majdnem megpuhul. Adjuk hozzá a szezámolajat és a kagylót, fedjük le, és főzzük, amíg a kagylók ki nem nyílnak. Dobja ki a fel nem nyílt kagylót, és azonnal tálalja.

Spárga tojásos szósszal

4 fő részére

450 g/1 font spárga

45 ml / 3 evőkanál földimogyoró (mogyoró) olaj

30 ml / 2 evőkanál rizsbor vagy száraz sherry

só

250 ml / 8 fl oz / 1 csésze csirkeleves

15 ml / 1 evőkanál kukoricaliszt (kukoricakeményítő)

1 tojás, enyhén felverve

Vágja le a spárgát, és vágja 5 cm-es darabokra, hevítse fel az olajat és süsse a spárgát körülbelül 4 percig, amíg puha, de még ropogós nem lesz. Meglocsoljuk borral vagy sherryvel és sózzuk. Közben a levest és a kukoricadarát felforraljuk, kevergetve, sózzuk. A meleg húsleves egy részét a tojáshoz keverjük, majd a tojást a serpenyőben felverjük, és lassú tűzön kevergetve addig főzzük, amíg a szósz besűrűsödik. A spárgát meleg tálra tesszük, leöntjük a szósszal és azonnal tálaljuk.

www.ingramcontent.com/pod-product-compliance
Lightning Source LLC
Chambersburg PA
CBHW050346120526
44590CB00015B/1578